KB269440

서문문고
87

서양고사일화

홍 윤 기 엮음

해 설

홍 윤 기

인류 문명이 싹튼 고대로부터 역사가 기록되어 오늘에 이르러서는 거창한 과학 시대를 이루었다. 인간에게 가차없는 비판을 했던 17세기 모럴리스트인 라 로슈프코가 '역사는 진실의 작은 부분'이라고도 했지만, 그러나 이른바 '왜곡될 수 없다'는 역사는 가능한 한의 최선의 기록을 이루어 왔다.

그런 흐름 속에서 서양 문명의 발자취는 여러 국가에 의하여 그 독자적인 생활과 문화를 이룩하였다. 또한 오늘날 물질 문명의 절정에 이르기까지 이루 다 헤아릴 수 없는 지혜를 고안하고 축적해왔다. 그 동안에 숱한 역사적 사건과 고사(故事) 일화를 남겼으니, 모름지기 그것은 단편적인 것일지라도 현대를 숨쉬는 우리들에게 때로는 각성제가 되고, 때로는 지성을 돕는 길잡이 내지 폭넓은 교양이 되리라는 데서 본고(本稿)를 엮기에 이르렀다.

서양 문화사에 있어서 여기 수록된 것은 하나하나 작은 이삭에 불과할지라도, 이것들이 독자 제현(諸賢)에게 풍성한 교양의 반려로써 지식을 꾀하며 또한 현대인이 갖추어야 할 지성에 다소나마 보탬이 될 수 있다면, 편역자로서는 더 큰 바람이 없다.

본고의 편역에 있어서는 원본으로서 Robert Graves 《The Greek Myths》(Pengin Books, 1957), Larousse 《Mithologie générale》(영역) 뉴욕판, 1959), Snyder & Martin 《A Book of English Literature》(Macmillian, 1947), 富原芳影外編 《고사물어(古事物語)》(동경 하출서방(東京河出書房)), 1967) 등을 사용했고 《Encyclopaedia Britanica》를 비롯해서 《대백과사전(大百科事典)》 (東京 平凡社) 등 각국의 백과사전 등을 참조하였음을 밝혀 둔다.

편의상 고대로부터 근대에 이르기까지 크게 시대별로 구분하여 중요한 것을 거의 대부분 망라하였으나, 누락되거나 미비한 점에 대해서는 차후 보완키로 할 것을 부언해 둔다.

1973년 8월

서양 고사 일화

Ⅰ 고　　대

　고대 그리스의 여명기였던 호머 시대로부터 서로마의 몰락에 이르기까지 거의 1천 년간을 고대라고 한다. 그 시대에 이미 서양 문화는 기틀을 닦았다. 그리스 신화와 전설은 서양 문학과 예술 및 생활 감정에 큰 영향을 끼친 것이다. 그뿐 아니라 그리스 철학과 과학은 서양 문명의 가능성을 제시했다. 그 당시의 고대인들은 현세와 생존에 대한 애착 정신으로 넘쳐 있었다. 그들은 명확한 지성을 척도(尺度)로 해서 자연과 인생을 인식하며 행동했고, 그와 동시에 풍부한 상상력을 꽃피웠다. 그리스·로마 시대야말로 정녕 서양 고사 일화(西洋古事逸話)의 최초인 동시에 최대의 보고(寶庫)였다. 로마 시대에 접어들면서부터 그들은 다분히 현실적으로 치우치게 된 것도 사실이나, 여하간 그리스·로마 시대를 통해 그 당시의 철인(哲人), 현인(賢人)들의 언행은 그 후 서양의 인간학내지 지성과 교양의 규범이 되었다. 본장(本章)에서는 이집트 등 동방에 관한 것도 편의상 취급했음을 언급해둔다.

피라미드

  고대 이집트에서 가장 상징적인 유적이라고 하면 단연 피라미드를 들겠다. 이집트는 기원 전 3천 년경에 통일 국가를 이루면서 절대 왕권이 통치하는 시대가 되었다. 주로 나일강 델타 지대에 자리하는 피라미드는 대소 40여 개를 헤아리는 왕의 능묘(陵墓)들이다. 모양은 밑바닥이 정사각형이고 네 개의 사면(斜面)이 정점을 향해 각기 이등변 삼각형으로 마주치고 있다.. 중앙에는 미라를 안치하는 방이 있는데, 그 깊은 방 속의 창으로 보름달 밤이면 달빛이 사면에서 일직선으로 스며들어가 왕의 얼굴을 비추게 만들었다는 것이다. 말하자면 고대 이집트의 기하학이며 측량술이 얼마나 발달했던가를 알려준다고 본다.

  현재 남아있는 피라미드 중에서 가장 큰 것은 카이로 서쪽에 있는 기제의 3대 피라미드다. 그 중에서도 제일 큰 것이 쿠푸(Khufu B.C. 2900년경) 왕의 것이고, 두번째는 카프라(Khafra)왕, 세번째는 미세리누스(Mycerinus) 왕의 것이다. 쿠푸 왕의 피라미드는 높이가 4미터로서 그는 제4왕조에 속한다.

  그런데 그리스의 사학자 헤로도투스는 그것이 케오푸스 왕의 피라미드라고 하고 다음과 같이 기술하고 있다.

  즉 케오푸스는 모든 신전을 폐쇄시키고는 이집트 인들의 신전 참배를 금지시켰다. 그 대신 피라미드 건설을 위해 강제노동을 하도록 명했다는 것이다. 그래서 이집트 사람들은 아라비아 산 속의 채석장에서 돌을 캐다가 나일강까지 운반을 해서 다시 강을 건너는 등, 길을 닦고 돌을 나르는 데만 10만 명이 3개월 교대로 10년 동안 강제 동원되었다고 한다. 그 다음에 피라미드를 세울 토대와 왕의 관을 넣는 지하실을 만드는데 10년이 걸렸고, 피라미드를 세우는 데는 20년이 걸렸다고 한다.

즉 10만 명이 40년 간을 끊임없이 강제노동에 종사해서 이룩한 것이 쿠푸 왕의 피라미드다. 헤로도투스는 왕이 피라미드를 만드느라고 자금이 딸려서 공주로 하여금 창녀 노릇까지 하게 했다고 하나 그것은 신빙성이 없는 얘기다. 어쨌든 케오푸스와 그의 아들 케프렌이 치적한 105년 동안 백성들이 겪은 고난은 엄청나게 컸던 것만은 사실이다.

최대 최고인 쿠프 왕의 피라미드 조영(造營)에는 30만 개의 돌이 사용되었다. 또한 영혼 불멸을 믿었기에 미라에는 부장품으로 식료품과 의류, 금은보석을 가득히 함께 넣었다. 여하간 오늘의 세계 7대 불가사의의 하나인 피라미드는 고대 문명의 한 상징이기도 하다. 참고로 피라미드라는 어원은 이집트 어 피레무스(높이)에서 유래되었음을 언급해 둔다.

악어의 눈물

악어의 눈물이라는 말을 셰익스피어는 《헨리 6세》·《오델로》·《안토니와 클레오파트라》 등에서 사용하고 있다. 그런데 그 당시의 문헌에는 이런 기록이 있다.

'만약 악어가 물가에서 사람을 발견하면 가능한 한 사람을 죽이고 꾸짖은 다음에, 죽은 자를 위해 울면서 잡아먹느니라.'

이런 문헌에서 셰익스피어도 '악어의 눈물'을 인용한 것으로 알려지고 있다. 여하간 '악어의 눈물'이란 거짓 눈물을 가리키는 것으로, 그 당시 악어는 위선의 상징으로 여겨졌던 것이다.

그것과 관련하여 '악어 논법(論法)'이라는 말이 있는데 고대 이집트의 전설에서 유래되고 있다. 그 전설을 살펴보면 나일 강가에서 악어에게 어린애를 빼앗긴 아버지(어머니라고도 한다)가 악어에게 애를 돌려달라고 호소했다. 그러자 악어는 사람에게 말했다. "내가 애를 돌려줄 것인지 아니면 돌려주지 않을 것인지 그것을 맞추기만 하면 돌려줄 테니 대답해 봐라." 고약한 악어의 억지가 아닐 수 없다. 왜냐하면 그 악어는 전혀 아이를 돌려줄 심사가 아닌 질문을 했기 때문이다. 즉 애 아버지가 "아기를 돌려주실 것입니다" 한다면 악어는 애를 잡아먹고 난 다음에 "대답이 틀렸어" 할 것이다. 또한 "아기를 돌려주시지 않겠지요" 한다면 악어는 "무슨 소리야, 나는 돌려줄 생각이었는데 대답이 틀렸어. 그러니까 돌려주지 않겠어"하는 식으로 아전인수해 버리고 마는 것이다.

이렇듯 '악어 논법'이란 고약한 자기 위주의 궤변(詭辯)을 의미한다. 누구나 악어의 교활한 처사를 나무라기 쉬우나 실상을 따져 보면 우리들도 부지불식간에 자기를 정당화시키느라 그런 궤변을 늘어놓는 일이 없지 않다. 여하간 악어가 그렇듯 가혹한 평가를 받게 된 것은 그 괴상하고 무섭게 생긴 외양 때문인 듯하다. 그러나 악어에게 사람을 평가받는다면 '인간의 눈물'이나 '인간의 논법'이란 말이 등장할 수도 있다. 인간의 위선과 위험성이 악어를 통해 역으로 지적될 수도 있다는 말이다.

시시포스의 바위

시시포스는 그리스 전설에 있어서 고도(古都)인 코린토스 시(市)를 창설한 인물로 알려지고 있다. 그는 그리스 민족의 조상으로 치는 헬렌의 아들 아이올로스의 아들이라고 한다.

그러나 아이올로스 일가(一家)는 그리스 민족이 생성되기 이전의 신화 속의 인물이기 때문에 시시포스와의 관련성은 매우 희박하고 애매한 문제다.

여하간 시시포스는 호머 시대의 인간 가운데서 가장 약삭빠르고 교활한 사람이라는 정평이 있다. 그런 것과 관련해서 재미있는 애기도 여러 가지가 있다.

먼저 지혜겨루기에 대한 애기를 소개하겠다. 그 당시 헤르메스 신(神)은 꾀가 많은 신이었는데, 헤르메스의 아들 아우톨뤼코스 역시 아버지로부터 꾀를 물려받은 존재였다. 시시포스는 그 아우톨뤼코스와 지혜겨루기를 하게 된 것이다.

아우톨뤼코스는 아버지로부터 소의 털빛이며 뿔을 자유
자재로 변화시키는 기술을 배운 터였다. 그래서 그는 파르
나스 산기슭에서 살면서 그리스 각지에서 남의 소를 함부
로 훔쳐다가 자기 것으로 만들고 있었다. 소를 딴 모양으로
바꾸는 재주로 인해 남의 눈을 제멋대로 속일 수 있었다.
그는 크게 재미를 보던중 이번에는 시시포스의 소들도 훔
쳐가기 시작했다.

아우톨뤼코스의 소떼는 날로 늘어났고 반면에 시시포스
왕의 소는 수효가 줄어들었다. 시시포스가 그것을 수상히
여긴 나머지 마침내 명안(名案)을 생각해냈다. 즉 시시포스
왕은 자기 소유의 소들에게는 발굽에다가 낙인(烙印)을 찍
은 것이다. 그것도 모르는 아우톨뤼코스는 여전히 낙인찍힌
소들을 훔쳐갔다. 소의 뿔이나 털빛은 바꾸었지만 발굽의
낙인은 알아차리지 못하고 그냥 두었다. 이윽고 시시포스
왕은 아우톨뤼코스를 찾아가서 그의 소떼의 발굽을 하나하
나 조사했다. 과연 낙인찍힌 소들이 나타난 것이다. 결국
아우톨뤼코스는 그의 지혜에 감탄하고 그 자리에서 사과를
했다. 둘은 굳은 언약을 맺고 그 이후부터 친구가 되었다는
얘기다.

지혜가 뛰어난 시시포스는 거인(巨人)인 아틀라스의 딸
멜로페와 결혼해서 아들 글라우코스를 얻게 되었다. 그런데
일설에는 아우톨뤼코스가 이타카 섬의 라에르테스에게 시
집보낸 자기 딸 안티클레야를 몰래 불러내다가 시시포스와
하룻밤을 동침하게 했다고 한다. 그때 안티클레야는 아기를

갖게 됐는데 그 아이가 장차 영웅이 된 오뒤세우스라고 한다. 여하간 영웅 오뒤세우스는 지혜가 많은 지장(智將)이었으니 그럴듯한 전설이라고 하겠다.

이번에는 다른 얘기를 하나 들기로 한다. 시시포스는 제우스 대신(大神)의 노여움을 사서 벌을 받은 일이 있다. 즉 제우스 대신이 요정(妖精) 아이기나를 납치해서 사랑을 즐기자, 그 사실을 요정의 아버지 이나코스 하신(河神)에게 일러바쳤다. 그러자 제우스 대신은 노발대발해서 시시포스에게 사신(死神) 타나토스를 보냈다. 그러나 꾀가 많은 시시포스는 사신을 꾫려서 쇠사슬로 묶어 가둬버렸다. 그 때문에 망령세계(亡靈世界)에는 죽은 사람들이 오지 않아서 노동력이 부족해졌고, 가까스로 헤르메스 신이 와서 사신 타나토스를 구출했다고 한다.

그 사건에 대한 벌을 받아 시시포스는 병들어 죽게 되었다는 설(說)이 있기도 하다. 여하간 인간인 시시포스도 결국 병들어 죽게 되었다. 그러자 시시포스는 마지막 지혜를 동원하였다. 즉 그는 죽으면서, 아내 멜로페에게 자신의 장례식을 거행하지 말라고 당부한 것이다.

시시포스는 죽고 나자 곧바로 망령세계로 갔다. 그때 그는 망령세계의 하데스 신에게 부탁하기를, 하루만 지상의 세계로 돌려보내주면 장례식도 올려주지 않은 고약한 아내를 벌주고 다시 돌아오겠다고 했다. 하데스 신도 그 요청을 거절할 수는 없었다. 그래서 하루 동안이란 조건으로 지상에 다시 돌아온 시시포스는 망령세계로 돌아가기는커녕 그

대로 눌러 살게 된 것이다.

살만큼 다 산 시시포스는 다시 죽었다. 그가 지하의 망령 세계로 돌아가자, 하데스 신은 자기를 기만했던 시시포스에게 화풀이로 큰 벌을 내렸다. 다시는 꾀를 부려 지상으로 돌아가지 못하게 했으니, 하데스 신은 시시포스가 비탈진 언덕길에서 바위를 굴려올리게 했다. 그래서 바위를 언덕 위로 거의 다 굴려올리면 다시금 바위가 밑으로 굴러떨어지게 함으로써 시시포스로 하여금 영원한 고통을 겪게 만든 것이다.

여하간 시시포스의 영겁(永劫)의 고통은 인간의 고통에 대한 상징적인 의미를 지니는 전설이라고도 하겠다. 프랑스의 실존주의 작가였던 카뮈는 그런 소재에서 ≪시지프의 신화≫를 엮었던 것이다.

탄탈로스의 갈증

앞에서 시시포스가 망령세계에서 영겁의 고통을 받게 된 얘기를 했다. 이번에는 똑같은 망령세계의 무한 지옥(無限地獄) 타르타로스에서 고통을 받게 된 탄탈로스에 대한 이야기를 엮기로 한다.

그리스 신화에 따르면 탄탈로스는 제우스 대신의 아들로 전해지고 있다. 그는 소아시아 프뤼기아의 왕, 또는 그 남쪽 뤼디아 지방의 왕이다. 일설(一說)에는 그의 아버지가 뤼뒤아 지방을 지배한 트몰로스 신이고 어머니는 옴팔레라고도 한다. 그 밖에도 여러 가지 설이 있으나 일반적으로는 아버지가 제우스 대신이고 어머니는 플루토로 알려져 있다.

탄탈로스는 재산이 많은 데다가 신들의 사랑을 받았다. 아버지인 제우스 대신의 초대를 받아 항상 올림푸스에 올라가서 신들과 식사를 했는데, 하루는 아주 큰 잘못을 저질렀다. 탄탈로스는 어느 날 뤼디아 지방의 시필로스 산 정상에서 신들을 초대하여 향연을 베풀었다. 그런데 향연중에 음식이 모자라자, 그는 엉뚱하게도 자기 아들 펠롭스를 죽여 그 살로 요리를 만들어서 신들에게 내놓았던 것이다. 모든 신들은 그것이 인육(人肉)이라는 것을 알아차리고 먹지 않았으나 데메테르 여신만은 배가 고픈 탓으로 그것을 먹었다. 여신은 왼쪽 어깨 살을 모두 먹은 것이다. 그러나 제우스 대신은 명을 내려서, 아기인 펠롭스의 살을 마법(魔法)의 가마 속에 다시 넣고 끓이게 함과 동시에 운명의 여신 클로토가 생명을 불어넣어 아기를 살려내게 했다. 그리고 데메테르 여신은 자기가 먹어치운 아기의 어깨살 대신 황금으로(상아로 메웠다는 설도 있다) 그 자리를 메워 고쳐 주었다는 것이다.

그런 죄 때문에 탄탈로스는 제우스 대신의 손에 죽었고 나라는 멸망했다. 그는 죽자마자 망령세계의 무한 지옥 타르타로스에 끌려가서 고통을 받게 되었다. 그가 어떤 고통을 받았나 하는 것은 호머의 대서사시 ≪오디세이아≫ 제11장에 기록되어 있다. 그 작품 속에는 오뒤세우스가 망령세계를 방문한 대목에 다음과 같이 서술되어 있다.

'그로부터 나는 탄탈로스도 보았지. 괸 물 속에 선 채 심한 고통을 겪고 있는 것을. 그 물은 턱밑까지 다가왔으되, 허나 그가 목말라 마시려 해도 도저히 마실 수 없는 것을. 왜냐하면 그 늙은이가 목이 타 물을 마시려 애써 몸을 구부리면, 그럴 때마다 물은 자취도 없이 빠져버리고, 발밑에는 시커먼 흙바닥만이 드러나는 것을. 과연 어느 신인가가 그렇듯 물을 말려버리는 모양이야. 또한 꽃피는 나무들은 머리 위로 늘어뜨린 가지마다 열매를 주렁주렁 달고 있는 것을. 배·석류·사과가 탐스러이 열렸고, 달콤한 무화과와 올리브도 열렸건만 손으로 따려고만 하면 바람이 불어와 높은 곳으로 날려보내고 마는 것을.'

이렇듯 그가 지옥에서 받는 고통은 비참한 것이었다. 다른 전설에는 커다란 바위가 그의 머리 위에 매달려 있어서 당장이라도 떨어질 듯 가슴죄게 하는 벌을 받았다고 한다.

다모크레스의 검

그리스 전설에 의하면 시칠리아 섬의 도시국가 시라쿠사의 왕 디오니시우스의 신하에 다모크레스라는 사람이 있었다. 그는 왕이 호강을 누리는 것을 늘 못마땅하게 여겼다. 그러자 어느 날 왕은 다모크레스에게 말했다.

"그대가 그렇게도 부러워하기만 하는 왕의 자리에 하루만 앉아 보도록 하라."

다모크레스는 왕의 그런 대접에 감격해서 왕좌에 임했

다. 눈앞에는 산해진미가 그득히 차려져 있다. 문득 머리 위를 쳐다보았다. 그랬더니 바로 머리 위에는 예리한 칼이 한 가닥의 머리카락으로 묶인 채 밑으로 늘어져 있지 않은가? 다모크레스는 감격 대신 새파랗게 질려 버렸고 왕좌에 앉아 있는 동안 계속 초주검이 되었다고 한다.

이런 전설이 뜻하는 것은 권력의 자리라는 것이 겉으로 보기와는 달리 얼마나 고통스럽고, 얼마나 위기에 직면해 있느냐 하는 것을 말해 주는 것이기도 하다.

미국의 고 케네디 대통령은 그의 한 연설에서, 핵무기를 가리켜 비유하기를 '인류에게 있어서 다모크레스의 검'이라고 했다. 그것은 인류의 운명이라는 것이 단추 하나를 누르는 데 달릴 만큼 위험스럽다는 경고라고 하겠다. 그런데 케네디 자신은 '다모크레스의 검'이 아닌 총탄에 의해서 비극적인 마지막을 고했다는 사실은 아이러니컬한 노릇이라고나 할까?

스파르타 교육

스파르타 교육이라는 말은 흔히 아이들을 엄격하게 기르는 뜻으로 쓰인다. 그 어원은 고대 그리스의 도시국가인 스파르타에서 행해졌던 교육제도에서 비롯된다. 스파르타는 아테네와 더불어 그리스의 대표적인 도시국가였으나 사회적·경제적 성격은 서로가 사뭇 달랐다. 일반적으로 아테네는 상업이 발달된 개방적인 문화권인 데 반해 스파르타는 농업 본위로서 폐쇄적이고 군국적(軍國的)이었다.

그와 같은 차이점이 생긴 원인은 지리적인 조건이 크게 작용하기도 했지만, 또 한 가지는 두 도시국가가 택했던 노예제도에 질적인 차이점이 있었다는 사실을 빼놓을 수 없다. 즉 아테네의 노예들은 주로 외지(外地)에서 팔려 온 이민족이었기 때문에 노예들 사이에 연대 의식이 부족했고 복종적이었다. 그러나 반대로 스파르타의 노예들은 본래 그 고장 원주민이었기 때문에, 그들을 정복한 스파르타 시민은 항상 노예가 된 원주민을 힘으로 제압해야만 했던 것이다.

여하간 스파르타 사회의 폐쇄적이고 무단적인 성격을 제도적으로 정착시킨 장본인은 기원 전 9세기경의 입법가(立法家)인 리쿠르구스로 알려지고 있다. 《영웅전》의 저자로 이름높은 그리스의 사학자 플루타르코스가 지적한 것을 보면 여러 가지 정책 중에서도 다음과 같은 정책이 있었다.

즉, 태만과 사치를 제거하기 위해서 그때까지의 호사스런 생활을 리쿠르구스 제도로 억제시키고, 시민들을 정기적으로 모아서 간소한 음식을 만들어 회식(會食)하게 한 것이다. 그 회식에는 어린애들까지 어른을 따라 나와서 함께 먹으면서 이른바 절제(節制)를 배우는 학교처럼 삼았다. 또 그 자리에서는 국정에 관한 연설을 듣게 되고 자유민으로서 취할 행동을 배우기도 했던 것이다.

그뿐 아니라 도시국가의 당국자들은 유능한 젊은 사람들을 뽑아서 단검(短劍)과 적당한 식량을 준 뒤 어떤 일정한 목적 없이 지방 각지로 파견했다. 그런 젊은이들이 낮에는

원주민인 헤로트 인들의 눈에 띄지 않게 숨어 지내다가 밤
에는 거리에 나타나 헤로트 인들을 살해했다. 말하자면 닥
치는 대로 원주민을 살해하고 가혹하게 노예로 만든 것이
다. 그래서 스파르타만큼 자유인은 자유롭고 노예는 노예적
이라고 할 만한 곳이 없다는 말이 나올 정도가 되었다. 바
로 스파르타 사회의 특색이었다.

우리는 명령을 지키고 쓰러졌노라

기원 전 500년경, 페르시아는 동으로는 인도 국경에서부
터 서쪽으로는 에게 해(海)에 이르는 영토를 장악하고 있
었다. 한편 그리스는 겨우 그리스 반도의 앞쪽을 차지하는
소수 민족에 지나지 못했다. 더우기 몇 개의 도시가 독립된
주권을 가진 이른바 도시국가로 나뉘어져 있었다. 그러나
각 도시국가에는 그 당시로서는 놀랄 만한 민주 정치가 이
루어지고 있었고 문화는 고도로 향상되어 있었다. 그리스는
소아시아의 이오니아에 밀레토스를 최초의 식민지로 건설
하고 있었으나 페르시아의 세력이 서쪽으로 뻗치면서 그러
한 식민지도 병합당하게 되었다. 그러나 정치 의식이 높은
그리스 인들은 페르시아의 중앙 집권적인 지배에 반항해서
반란을 일으켰다. 그 반란은 페르시아에게 제압당했을 뿐
아니라, 페르시아 제국의 왕 다리우스 1세는 뒤에서 반란
을 조정한 아테네를 토벌하기 위해 군사를 일으켰다. 말하
자면 페르시아 전쟁이 시작된 것이다.

그 전쟁이야말로 흡사 코끼리와 강아지의 싸움같은 것이었다. 그러나 결과는 달랐다. 민주적인 개혁으로 민중의 의기가 최고조에 달했던 아테네 시민의 단결력은 강력한 것이었다. 또한 아테네 군 정예부대는 소수였으나 페르시아 대군(大軍)을 마라톤 평야로 이끌어서 마침내 그들을 패주시키고 말았다. 그때 그리스 군의 전령(傳令)인 파이데피데스는 승리의 소식을 한시라도 빨리 아테네 시민들에게 전하기 위해서 22마일이 넘는 거리를 뛰어서 달렸다. 그는 아테네 시에 이르자 시민들에게 "우리가 이겼소!" 하고 소리치고는 그대로 그 자리에 쓰러진 채 비장한 최후를 맞이했다. 그의 그러한 죽음을 기리는 뜻에서 그리스에는 고대 올림픽 경기 때 파이데피데스가 내달렸던 똑같은 거리를 참으며 뛰는 경기를 거행하고 그 명칭을 마라톤이라고 불렀다. 오늘의 마라톤 경기는 바로 그 전통에서 유래하는 것이다.

패주한 페르시아는 그리스에 대한 침략 의도를 결코 포기하지 않았다. 다리우스 1세의 아들 크세륵세스는 손수 페르시아 대군을 이끌고 그리스 땅에 다시 침입했다. 그리스의 역사가 헤로도투스의 기록에 의하면, 그 당시 크세륵세스는 구름떼와 같은 페르시아 대군을 이끌고 스스로 헬레스폰드(다아다넬즈) 해협을 메우듯이 건너다가 갑자기 울음을 터뜨렸다고 한다. 그러자 한 측근이 어째서 우느냐고 물은 즉 크세륵세스 왕은 다음과 같이 대답했다.

"나는 지금 새삼스럽게 인간의 생명이 얼마나 짧은 것인가를 깨닫고 눈물지은 것이다. 제 아무리 큰 군사력일지라도 앞으로 백 년 뒤에는 단 한 사람도 살아 있지는 못할 것이 아닌가?"

그러나 크세륵세스의 예언은 너무도 빨리 실현되었다. 페르시아 대군은 육로와 수로 양쪽에서 그리스를 침공했다. 페르시아 육군을 맞은 그리스 연합군은 테르모필레 산에서 페르시아 군에게 큰 타격을 가했다. 그러나 페르시아 군의 우회 작전으로 퇴로가 차단된 그리스 연합군은 당시 스파르타의 용장 레오니다스 휘하의 소부대에 불과했으나 최후의 한 사람까지 죽음을 무릅쓰고 버티었다. 그리하여 본대(本隊)의 후퇴를 가능케 한 것이다. 페르시아 전쟁이 끝난 다음 그곳에는 용감히 싸워서 산화한 거룩한 용사들을 기리는 다음과 같은 비명(碑銘)이 새겨졌다.

'나그네들이여, 가거든 라케다이몬(스파르타) 사람들에게 전하라. 우리는 명령을 지키고 여기 쓰러졌다고.'

테르모필레 산을 넘은 페르시아 군은 노도와 같이 아테네로 밀려들었다. 그러나 이미 아테네 시민들은 테미스토클레스의 대담한 제안에 따라 전 시민이 거리에서 철수하여 해상으로 피했다. 거기서 페르시아 해군과 맨주먹으로 대항하며 용감한 일대 결전을 벌였다. 크세륵세스는 아테네 땅을 차지하고 승리를 목전에 바라보고 있었다. 그러나 배수의 진을 친 그리스 함대는 비록 수는 얼마 되지 않았으나 페르시아의 대함대를 산산조각으로 만들었다. 그것이 역사상 이름높은 살라미스 해전(海戰)이다.

아 마 존

그리스 신화에는 코카서스에서 스키타이 지방에 걸쳐 아마존이라고 통칭되는 여자 무인족(武人族)이 살았다고 한다. 이 여족(女族)은 아레스와 하르모니아의 자손으로서 아레스 및 아르테미스를 신앙했으며 한 여왕을 받들고 있었다. 무용에 뛰어난 그들은 초생달 모양의 방패와 활·도끼·창 따위를 갖고 싸웠으며 마술(馬術)에도 탁월했다고 한다. 여성만이 모인 종족이기 때문에 자손을 번식하기 위해서는 일정한 시기에 걸쳐 다른 나라에서 남자들을 끌어다가 임신을 했다. 그렇게 해서 태어난 아기가 남자일 때는 죽여 없애거나 불구자로 만들었다. 또한 여자애가 태어나면 어릴 때 오른쪽 유방을 잘라 버렸다. 그 이유는 활을 쏘거나 창을 던지는 데 오른쪽 유방이 방해가 되기 때문이다.

그리스의 전설적 영웅들은 이 아마존 족과 관계가 있다. 헤라클레스는 열두 가지 고역(苦役) 중의 하나로서 아마존 여왕 히폴뤼테의 허리띠를 빼앗았다. 테세우스는 히폴뤼테의 여동생 또는 딸이라고 알려진 안피티오를 빼앗았다. 그것이 원인이 돼서 트로이 전쟁 때에 아마존 족은 트로이의 편을 들어 아티카를 침공했으나 그리스 영웅 아킬레스에 의해서 파멸되었다. 그런데 아킬레스는 아마존 여왕 펜테질레아를 살해한 뒤에 보니 절세미인이어서 애석히 여기며 탄식했다고 한다. 그리스 인 테르시테스는 아킬레스가 사자(死者)를 사랑한다고 비방하고 다니다가 분노한 아킬레스

에게 죽임을 당했다. 독일 근세 극작가 클라이스트가 그것
을 소재로 해서 쓴 희곡이 바로 ≪펜테질레아≫다.

이러한 유래 때문에 아마존 하면 일반적으로 용감한 여
성이나 여걸을 가리킨다. 물론 그 말뜻에는 다소 야유가 섞
이는 경우가 많다.

그런데 그와 같은 여인국에 대한 전설은 그리스에만 국
한되지 않고 인도나 아라비아 등에도 있는데, 여하간 그런
전설을 빚게 된 동기는 무엇일까? 여러 가지로 생각할 수
있으나 거기에는 남성의 여성에 대한 동경과 외포(畏怖)가
작용한다는 것만은 틀림없다.

그것과 관련되는 것으로 남미(南美)에 있는 세계 최대의
아마존 강이라는 명칭도 아마존 전설에 기인한다. 유럽 인
들이 아마존 강에 관심을 갖게 된 것은 16세기초의 일이
다. 그 당시 스페인의 피사로는 페루 지방에 번창하던 잉카
제국을 멸망시킨 다음, 전설적인 황금의 땅 에르드라드를
발견할 목적으로 자기 동생을 지휘관으로 삼아 탐험대를
안데스로 파견했다. 탐험대는 아마존 강 상류 나포 강 기슭
에 도달했으나 식량 부족과 피로에 지쳤다. 그러나 부대장
인 오레야나가 탐험대의 일부를 데리고 아마존 강을 계속
따라 내려가도록 했다. 오레야나는 도중에 여성들로 조직된
아마존 강 토인족의 공격을 받기도 하면서 전진을 계속했
으나 물론 황금의 땅 에르드라드를 발견하지는 못했다. 결
국 그들 탐험대가 여인 부대의 공격을 받은 것을 계기로 그
큰 강을 아마존이라고 부르게 된 것이다.

네 자신을 알라

　파우사니아스(2세기 후반의 사람)가 쓴 ≪그리스 주유기(周遊記)≫에 의하면 아폴론 신전의 전실(前室)에는 기원전 7세기에서 6세기까지의 칠현(七賢)으로 불렸던 철인들의 금언(金言)이 새겨져 있었다고 한다. 그것이 바로 '네 자신을 알라'와 '무슨 일이나 도(度)를 지나치지 말라'이다. 이 말은 별을 관찰하며 걷다가 개천에 빠졌다는 일화를 가진 철인 탈레스가 했다고 한다. 흔히들 소크라테스가 그 말을 했다고 하기도 하고, 아테네의 입법자(立法者) 솔론 혹은 피타고라스라고도 한다.

　그러나 고대 철학자들의 전기(傳記)를 쓴 디오게네스 라엘티오스(3세기 전반의 사람)의 ≪탈레스 전기≫에 의하면 탈레스의 말이라는 사실이 거의 확실하다. 왜냐하면 그가 탈레스에 관해서 쓴 대목을 보면, 탈레스에게 "무엇이 가장 어려운 일인가"라고 물었을 때 그는 "자기 자신을 아는 일이다"라고 대답했다고 한다. 또한 "용이한 일이 무엇이냐"고 물었을 때 "남에게 충고하는 일이다"고 했고, "가장 즐거운 일이 무엇이냐"고 했을 때, "목적을 완수하는 일(뜻을 달성하는 것, 성공하는 것)" 등등 여러 가지 명언을 남겼다고 전해지고 있다.

　또한 "무슨 일이나 도를 지나치지 말라"고 한 것은 역시 칠현(七賢) 중의 한 사람인 아테네의 입법자 솔론이라고 디오게네스 라엘티오스가 내세우고 있다. 솔론은 중용(中

庸)의 덕(德)을 가장 올바른 것이라고 권장했다. 그러나 '모든 사람의 마음에 드는 일은 어려운 노릇'이라고 솔론은 항상 개탄했다고 한다.

패각 추방(貝殻追放)

고대 그리스는 하나의 통일된 국가가 아닌 각 도시가 독립된 정치 체제의 도시국가의 집단으로 되어 있었다. 아테네, 스파르타, 코린트 등이 그 대표적인 도시국가다. 그렇지만 그리스의 도시국가들은 언어·종교·호머의 시·델포이의 신탁(信託)·올림피아 등에 의해서 한 민족으로 뭉치게끔 되었다.

도시국가는 처음에는 왕을 섬기고 있었으나 그것은 동양적이고 전제적인 지배자가 아닌 단지 원시사회의 족장(族長)제도가 발달한 것에 지나지 않았다. 그리하여 기원 전 7세기경에 이르자 귀족 집단이 정치를 지배하게 되었다. 그 후에는 경제 상태의 변동 때문에 민중의 힘이 강화되었다. 따라서 귀족과의 사이에 투쟁이 벌어지게 되었으나 솔론의 개혁에 의해서 시민의 권리가 보호되어 민중도 조정에 대한 발언권을 갖게 되었다.

그러한 민주적인 동향에 역행해서 사회 혼란을 틈타 독재적인 권력을 가진 참주(僭主)라는 것이 나타났다. 다른 민족의 경우에는 그러한 요소가 성장해서 중앙집권적인 국가를 만들기 쉬웠으나, 민중의 정치의식이 높은 그리스에서는 참주의 존재가 오래 가지 못했다. 도시 국가에서 두드러진 세력을 가진 자가 나타나면 민주정치의 위험한 요소로서 배척되어 버렸다. 그 방법은 자유 시민 전체가 비밀 투표를 하는 게 보통이었다. 그들은 적합치 못하다고 인정되는 정치가의 이름을 그릇 조각이나 조개껍질같은 데다 기입해서 투표했다. 왜냐하면 그 당시 종이는 이집트에서 수입했기 때문에 매우 희귀한 것이었다.

그와 같은 패각 추방이라는 제도는 아테네의 클리스테네스에 의해서 이루어졌다고 한다. 패각 추방 제도는 이념상으로 보면 매우 합리적이며, 사실상 도시 국가의 민주정치를 지키는 방파제 구실을 한 것이 틀림없다. 그러나 다른 한편으로, 패각 추방 제도는 도시국가를 언제까지나 도시국가 상태의 단위로 분립시켰기 때문에 결과적으로 그리스를 강력한 통일국가로까지 성장하지 못하게 한 점을 지적하지 않을 수 없다.

솔론의 개혁

고대 그리스에 있어서 아테네는 고도의 도시 국가적인 민주주의의 기본 위에서 번영한 게 사실이나, 그러한 민주정치가 이루어지기까지는 역시 숱한 정치적 변천이 따랐다.

아테네는 이오니아 인이 정주해서 건설한 도시 국가다. 초기에는 다른 도시 국가나 마찬가지로 족장적인 왕을 섬겼고, 기원 전 7세기경까지는 한결같이 귀족이 정권을 장악했다. 그러나 지중해 연안의 교통이 발달하고 상공업과 노예 매매가 번창하는 데 따라서 민간의 경제력이 늘어났고, 지주 계급인 귀족들의 권력이 흔들리기 시작했다.

따라서 귀족과 평민 사이의 대립이 심해지자 그 사이에 독재적인 권력을 장악한 참주라는 존재가 등장하게 되었다. 그들은 대부분이 명문 출신이긴 했으나 비합법적인 지배자로서 그 지위를 제대로 유지할 수 없었다. 더구나 클리스테네스가 패각 추방 제도를 정착시킴으로써 참주의 등장을 효과적으로 방지하게 되었다.

한편 그러한 귀족과 평민 양파의 다툼을 평민의 의뢰로써 조정하는 자도 나타났다. 기원 전 6세기초에 아테네에 나타난 솔론이 그 대표적인 사람이다. 그가 시행한 제반 민주적 개혁을 가리켜 '솔론의 개혁'이라고 하며, 그것은 아테네의 민주제도 발전상에 있어 획기적인 의미를 갖는다.

솔론은 우선 민중의 경제적인 고통을 해소하기 위해서 소위 인신저당(人身抵當)이라고 하는, 즉 몸을 담보로 부채를 쓰는 제도를 금지시켰고, 귀족과 민중을 조정해서 일체의 부채를 청산시켜 주었다. 또한 그때까지의 문벌(門閥)에 의한 참정권의 차별을 폐지시켰다. 그리고 소득의 다소에 따라 세금을 부과했으며, 그에 따라 정치적 발언권도 대소를 구분하는 이른바 재산정치제도를 정했다. 그와 같은 것은 보다 완전한 민주정치를 지향하는 첫걸음이었다. 그러나 그러한 솔론의 개혁에 대해서 귀족뿐 아니라 시민들도 전적으로 찬성하지만은 않았다. 그 개혁에 대해 그리스 말기의 대표적인 철학자 아리스토텔레스는 ≪아테네 인의 국제 (國制)≫ 속에서 솔론 자신의 취지를 다음과 같은 시(詩)로써 인용하고 있다.

'나는 민중에게 충분한 권리를 안겨 주었노라. 그들의 명예를 아무것도 빼앗지 않았으며 덧붙여 주지도 않았노라. 권력과 재산을 지니고 존경받는 사람들에게 대해서도 애써 부당하게 다루지 않았노라. 나는 양쪽을 위하여 방패를 들고 선 채 어느 쪽에도 부당한 승리를 허락지 않았노라. — 나는 그러한 것을 법의 힘으로써 강제와 정의를 조화시켜 약속한 대로 이루었노라. 나는 누구에게도 왜곡됨이 없는 정의를 적용했으며, 비천한 자나 존귀한 자에게도 평등하게 규칙을 제정했노라.'

예술은 길고 인생은 짧다

예로부터 시가(詩歌)에서 자주 반복되어 온 이 명구(名句)는 그리스의 의성(醫聖)으로 알려진 명의 히포크라테스 (B.C. 460~375)의 말이다. 이 말은 그의 ≪잠언집≫ 첫머리에 실려있다. 우리가 흔히 '예술'이라고 말하지만 실상 히포크라테스가 말한 뜻은 '의술(醫術)'이다. 말하자면 인간의 생애란 짧은 것이고 그 반면에 의술은 한없이 깊고 도저히 규명하기 어렵다는 뜻이다. 그러므로 의술에 종사하는 사람은 모름지기 자기 직분에 충실하며 게을러서는 안된다고 하는 하나의 훈계로 간주된다.

히포크라테스의 명구인 '술(術)은 길고 생은 짧다'는 말은 다음과 같이 이어지고 있다. 즉, '또한 좋은 기회란 날카롭고(험난하다든지 일각을 다툰다는 의미로 여겨진다), 시도하는 바는 실패하기 쉬우며, 판단(진단)은 어렵다. 그러므로 사람(의사)은 스스로 필요한 수단을 강구해야만 할 뿐 아니라 환자나 임석자(臨席者), 외계의 사물로부터 협력을 구하지 않으면 안 된다.'

히포크라테스가 살았던 소아시아 연안에 가까운 다도해의 작은 섬인 코스 섬은 예로부터 의술의 중심으로 알려지고 있다. 더구나 그 섬에는 의료(醫療)의 조상신인 아스클레피오스의 신전이 있었고, 그의 자손이라는 사제(司祭)가 의료에 종사했다고 한다. 바로 그 가문에서 히포크라테스가 태어났다. 그는 아버지로부터 의술을 배운 뒤 쿠니도스의 의학교에서 의학을 공부했다. 그의 명성은 널리 알려져서 온 그리스 땅으로부터 초청받아 의술을 베풀었던 것이다.

구미 각국의 의과 대학에는 신입생들이 히포크라테스의 선서(宣誓)를 하고 있다. 그 선서는 히포크라테스가 그 당시의 의생(醫生)을 가르치던 학교에서 시행했던 바로 그 선서와 같은 것으로 여겨지고 있다. 여기서 그 선서를 요약하면 다음과 같다.

'나는 여기서 의료의 신 아폴론이며 아스클레피오스(아폴론 신의 아들이다) 등을 걸고, 각 신을 증인으로 삼아 나의 능력과 판단을 다하여 이 선서와 증문(證文)을 실행할 것을 서약합니다. 이 술(術)을 가르치시는 스승을 어버이와

같이 여기며, 병자를 자신의 능력과 판단을 다하여 돕도록
치료법을 행하고, 결코 부정이나 해를 가하지 않으며, 누구
의 부탁일지라도 독약을 주지 않겠고, 그와 같은 일을 권하
거나 시사하지 않으며, 나의 일생과 기술을 깨끗이 지켜나
갈 것을 서약하는 바입니다.'

　이와 같은 선서야말로 고결한 의술의 정신으로 높이 평
가되지 않을 수 없다고 본다.

　히포크라테스는 각지의 의학자며 철학자들과 친교를 맺
고 지식과 견문을 높여 탁월한 견해와 고매한 인격으로 존
경을 받은 위인이다. 그에게는 많은 저서가 있었는데 뒷날
알렉산드리아의 의사들이 수집한 ≪히포크라테스 전집≫은
87권에 이른다.

　그의 의술에 관한 저서들은 질병의 증세에 의한 계통적
인 분류를 비롯해서 의료의 방법, 의사의 사명 등 근본적인
자세를 확립하는 데 이바지했다. 더구나 그의 의계(醫戒)야
말로 현대에도 변함없는 의도(醫道)의 길잡이가 되고 있는
것이다.

여기가 로도스다, 여기서 뛰어

　큰 소리를 치는 인간을 비유하는 말이다. 이솝의 우화에
5종경기(五種競技) 선수에 관한 얘기가 있다. 그 젊은이는
본래 신통치 못한 위인으로, 한 번은 외국 여행을 하고 고
향에 돌아와 큰 소리만 탕탕 치는 것이었다. 그는 편력하던

중에 로도스 섬에 가서 올림피아의 우승자보다도 뛰어나게 멀리뛰기의 신기록을 세웠다고 자랑했다.

"당신들도 이제 로도스 섬에 가면 틀림없이 내 얘기를 들을 거야. 아주 칭찬이 대단했으니까."

젊은이가 이렇게 허풍을 떨자, 듣고 있던 한 사람이 이렇게 말했다.

"정말 그래? 그게 사실이라면 굳이 딴 증인은 필요 없지. 여기가 로도스야, 여기서 뛰어 봐!"

지금까지 큰 소리만 치던 젊은이는 얼굴이 빨개지고 말았다는 우화다.

'여기가 로도스다. 다시 뛰어 봐!'

그리스 어 원문으로는 이렇게 되어 있으나 표제(表題)와 같은 말을 흔히 쓰고 있다. 여하간 그런 말뜻에서 이론보다는 증거, 무엇보다도 눈에 보이는 사실이 중요하다는 뜻으로 쓰이는 비유다.

곁들여서 말하자면 로도스는 그리스 본토에서 멀리 떨어진 소아시아 서남쪽의 섬으로서 당시 그리스 인들이 많이 이주해서 살던 번창한 곳이다. 무역과 교통의 요지인데다가 한때는 학문의 중심지였다. 또한, 올림피아 제전의 축제 경기도 그곳의 제우스 신전 경내에서 거행된 유서 깊은 곳이다. 그러므로 온 그리스인이 집결하던 국제 사교장이기도 했다.

인간은 만물의 척도

서양 철학은 그리스에서 시작되었다. 플라톤이나 아리스토텔레스뿐 아니라 수많은 철학가 내지 사상가를 배출시킨 곳이 그리스다. 우리가 말하는 '철학'과 '철학자'를 영어로는 'philosophy'와 'philosopher'라고 한다. 그런데 그 어원이 되는 것은 그리스 어의 'philosophia'와 'philosophos'이다. 그 말뜻을 풀어 보면 곧 '애지(愛知)'와 '애지자(愛知者)'이다. 즉 'philos'는 '친구'·'사랑하는 사람'이고, 'phileo'는 '사랑한다', 'sophos'는 '현명하다', 'sophia'는 '지혜'를 의미한다.

그리스 문화가 가장 눈부시게 꽃피었던 기원 전 5세기에 아테네에서 명성을 떨친 인물로서 프로타고라스(B.C. 500~430)를 들 수 있다. 그는 이른바 소피스트(sophist)로서 생애의 대부분을 아테네에서 보냈는데 소크라테스보다 열한 살 손위의 선배인 동시에 적수였다.

소피스트라는 것은 '지(知)'와 '덕(德)'을 가르치는 사람을 뜻한다. 즉 요령이 있는 문답방법, 진실을 인식하는 힘, 올바른 판단력, 민중을 설득하는 연설 등을 교수하는 일이다. 플라톤의 저술을 보면 소피스트들에 대한 것이 종종 나오는데 그 중에서도 프로타고라스를 가장 탁월한 인물로 삼고 있다.

프로타고라스는 교육의 가능성—특히 덕육(德育)을 중심으로 해서—을 주장했고, 교육에는 소질과 연습이 필요하다고 강조했다. 또한 학습은 어릴 때부터 시작해야 한다고 했다. 여하간 최초의 자각적인 교육가로서(동양에서는 공자지만) 그의 언행은 크게 주목을 끌었다.

그가 말한 '인간은 만물의 척도다'라는 것은 여러 가지 해석이 따르는데, 그것은 인간 중심주의 또는 판단의 상대성을 가리킨다고 한다. 그런데 플라톤의 해석을 보면 그가 말한 의미는, 만물의 척도는 자연이라고 하는 도그마에 반대해서 만물의 척도는 인간이며, 존재하는 것은 존재하게 하고 존재치 않는 것은 존재치 않게 하는 것도 바로 인간이라는 것이다. 사물은 각자가 보는 대로만 존재하는 것이라고 여긴다는 견해다.

만물은 유전(流轉)한다

플라톤(B.C. 427~347)은 그리스 최대의 관념론 철학자이거니와 그가 쓴 《크라듀로스》에는 다음과 같은 글귀가 있다.

'헤라클레이토스는 우선 이렇게 말하고 있다. 만물은 옮겨가며 무엇 하나 멎는 것은 없다고. 또한 존재를 강물이 흐르는 것에 비유해서 사람은 똑같은 강물 속에 두 번 다시 들어갈 수가 없다고 말한다.'

즉 강물처럼 만물은 유전하며, 똑같은 강이라고 생각해도 실은 매초마다 다르다. 사람의 몸도 똑같아서 지금의 자아는 한 시간, 한 순간 전의 내가 아니라고 여기는 것이다.

헤라클레이토스는 불을 우주의 근원으로 보고, 모든 것이 불에서 나와 불로 돌아간다고 했다. 그의 주장을 좀 더 살펴보면,

'생성(生成)에는 위로 향한 방향과 아래로 향한 방향이 있어서 모든 변화의 발생은 그의 대립·모순에 의하여 일어난다. 그러나 이와 같은 대립·상극의 현상계는 다시 이성, 곧 로고스에 의하여 지배된다. 로고스에 의하여 만물의 전변(轉變)이 이루어지고 전체로서의 조화가 유지된다. 로고스에 따르는 생활이야말로 최고의 생활이다.'

그는 이오니아 학파의 대표자다. 그를 가리켜 당시의 사람들은 '어두운 사람', '울보 철인'이라는 별명을 붙였다 한다. 왜냐하면 그가 주장하는 학설은 난해했고, 언제나 비관적인 말을 하며 울상을 짓고 있었기 때문이다. 그러나 그의 말 한 마디 한 마디는 함축성이 깊고 가히 한 학파의 철학을 이룩할 만한 가치가 있었다. 이른바 우주의 묘체(妙諦), 인생의 진실을 꿰뚫는 표현이 허다했다는 것은 경탄할 만하다. 이를테면 이런 말을 들 수 있다.

'신에게 있어서는 모든 것이 미(美)요 선(善)이며 정(正)이다. 그러나 인간은 그 중 어떤 것은 부정(不正)으로 여기고 어떤 것은 정으로 믿는다.'

이뿐만 아니라 그가 말한 유명한 어구들은 많다. 그 중에서 들어본다면,

'원숭이는 아무리 아름답다 하더라도 사람에 비교하면 추하다.'

태양은 나날이 새롭다

이 말도 '만물은 유전한다'고 하는 헤라클레이토스의 것으로서, 그가 말하는 변전하는 우주관을 보다 구상적(具象的)으로 표현했다고 보겠다.

동서를 막론하고 인류에게 있어서 태양에 대한 관심은 지극하다고 하겠다. 왜냐하면 태양이야말로 생명과 불가분의 것이기 때문이다. 고대 이집트에서는 태양을 지상신(至上神)으로 섬겼고, 고대 페르시아에서는 태양은 곧 선(善)이며 광명신(光明神)으로 숭배되었다.

여하간 헤라클레이토스의 '태양은 나날이 새롭다'는 뜻은 아무리 태양이 초자연적인 위대한 힘을 가졌다손 치더라도 어제의 태양이 오늘의 태양과는 다르다고 본 모양이다.

소크라테스의 아내

소크라테스(B.C. 470~399)는 한 권의 저서도 남기지 않았다. 그러므로 그의 사상과 인격에 관한 것은 자연 그의 제자나 후배들의 저서에 의존할 수밖에 없다. 즉 플라톤의 《대화편(對話篇)》, 아리스토텔레스의 《소득(所得)》 등 여러 저서를 들 수 있다.

'나는 자신이 무지(無知)라는 것 이외에는 아무것도 모른다.'

그가 이런 말을 했다고 하는데 이러한 자기 인식은 당시 그리스 철학의 주류를 이루고 있던 소피스트들에겐 마땅치 못한 것이었다. 당시의 소피스트들이 객관적 진리와 보편 타당한 법칙을 부정한 데 반해서, 소크라테스는 인간의 표상 가치(表象價値), 행위의 정당성이 그 자신 진(眞)이고 정(正)인 것과의 일치에 의존한다고 확신했다. 그는 진정한 지식에 의하여 도덕 생활을 개혁하는 것을 지도 이념과 사상으로 삼았던 것이다.

마침내 소크라테스는 소피스트들의 미움을 사서 고발당했다. 즉 기원 전 399년에 멜레토스, 아니토스, 리콘 등 3인은 소크라테스를 가리켜 '청년을 부패시키고 국가가 믿는 제신(諸神)을 믿지 않는 자'라는 이유로 고소했다. 재판 결과는 501명의 배심 재판관들의 투표에 의해서 361대의 140 표로 사형 선고를 받기에 이르렀다. 그때 소크라테스는 법정에서 아테네 시민들을 향해 당당히 자기 입장을 변명했다. 그것이 이른바 《소크라테스의 변명》으로서 플라톤의 《대화편》 속에서도 가장 큰 빛을 띠고 있다. 그 변명의 결론은 다음과 같이 감명 깊게 맺어졌다.

'……헤어질 때가 왔노라. 서로가 각자의 길을 가는 거다. 나는 죽음으로 그대들은 삶으로. 어느쪽이 좋은 것인지는 신만이 알고 있노라.'

이윽고 소크라테스는 독배를 마시고 조용히 죽음으로 향하고 있었다. 그러자 그의 죽음을 지켜보는 친구며 제자들이 울었다. 그것을 바라보는 소크라테스가 말했다.

"왜 우는 거야. 이런 때는 부인만이 우는 거야. 남자는 죽음에 직면해도 평정을 잃지 않는 법이라고 알고 있어. 좀 조용히들 해줄 수 없을까?"

독이 몸 안에 퍼진 소크라테스는 무겁게 몸을 가로누이며 문득 생각난 듯이 제자의 한 사람에게 말했다.

"크리토야, 나는 아스클레피오스(醫神)에게 닭을 바치는 것을 잊어버렸으니 자네가 내 대신 바쳐 주기 바란다."

소크라테스의 아내 쿠산티페 하면 악처의 대명사처럼 알려져 있다. 그녀는 말이 많고 고약한 성미의 여자였다고 한다. 소크라테스와 같은 현인이 어째서 그런 악처를 아내로 거느렸을까? 그런 질문을 받았을 때 소크라테스는 이렇게 대답했다고 한다.

"마술(馬術)에 뛰어나려는 사람은 난폭한 말을 골라서 타지. 난폭한 말을 익숙하게 다루면 딴 말을 탈 때 매우 수월하지. 내가 그 여자로부터의 괴로움을 참고 견뎌낸다면 천하에 다루기 어려운 사람은 없으리라."

또 어떤 사람이 묻기를 부인의 끊임없는 잔소리를 어떻게 견디느냐고 했다. 소크라테스는 대답했다.

"물레방아가 돌아가는 소리도 귀에 익으면 괴로울거야 없지."

또 이런 유명한 일화가 있다. 부인이 잔소리를 퍼붓더니 소크라테스의 머리 위에다 한 초롱의 물을 끼얹었다고 한다. 그러나 소크라테스는 태연자약하게 말했다.

"천둥이 친 다음에는 큰 비가 내리게 마련이야."

우리 속담에 '암탉이 울면 집안이 망한다'는 천박한 표현이 있으나 소크라테스야말로 실로 무던한 위인이었나 보다. 서양 속담에는 '파리의 남편은 행복하다'는 것이 있다. 더구나 그리스 인들은 예로부터 파리의 윙윙 우는 소리를 예찬했고 시로써 노래까지 했다. 로마 시대의 그리스 사가(史家) 플루타르코스에 의하면 그리스 시대엔 파리를 뮤즈(예술의 여신)의 사자로 여겼다는 것이다. 또한 그리스 인들은 파리의 암컷은 울지 않는다고 했는데, 그러한 관찰은 당시 생물학적인 관찰이 정확했다는 점을 엿볼 수도 있다. 여하간 파리의 남편조차 행복을 누렸음에도 불구하고 소크라테스가 행복을 누리지 못했다는 것은 아이러니컬한 일화로 웃어넘겨야 할 일인지 모르겠다.

플라토닉 러브

아테네의 플라톤은 소크라테스의 계승자로서 그의 교훈과 죽음에서 크게 감명을 받은 철학자였다. 플라톤은 관념론 철학의 비조(鼻祖)로서 수많은 저작을 남겼다. 그러나 철학 논문으로서가 아니라 ≪대화편≫을 통해서다. 즉 구체적인 대화 형식으로 엮어나가는 과정에서 철학적 사상을 전개하는 독특한 형식을 취하고 있다. 소크라테스는 대담(對談)으로써 자기의 학설을 피력했으며, 플라톤이 ≪대화편≫을 엮은 것도 스승과의 대화를 묘사할 목적으로 시작한 것이었다.

플라톤의 저작 중에서도 가장 유명한 것은 ≪향연(饗宴)

≫이다. 그것은 기원 전 5세기의 영광스러웠던 아테네의 시민 생활을 역력하게 묘사하고 있다. 아직 아테네의 융성한 국운이 채 가시기 전의 그 도시 국가의 명랑하고 활달한 분위기를 살필 수 있다. ≪향연≫은 플라톤이 소크라테스의 죽음을 당하여, 영광스러웠던 조국을 배경으로 위대한 스승의 사상과 인격을 부각시키기 위해서 이 노작(勞作)을 엮은 것이다.

그리스 어로 향연은 '심포지온'이고 영어로는 '심포지엄(symposium)'이다. 그 어원상의 의미는 '함께 마신다'는 뜻이다. 그리스 인들은 기원 전 8세기 중엽부터 저녁 식사에 이어 혹은 저녁 식사와 따로 주연을 베풀었다. 이 주연에서는 술이 나온 뒤에 즐겁게 담소했다. 주로 혼례·생신·경기 후의 승리 축하연, 송별과 환영연 등이었다.

먹고 마시는 것이 육체의 영양이 될 뿐 아니라 정신의 양식이 된다는 것이 호머 시대 이후 그리스 인들의 생각이었다. 연석에서는 담론을 비롯해서 가무·연주·교양과 학식의 논의 등을 하기 마련이었다. 플라톤이 그 향연의 자리에서 사랑에 관한 철리(哲理)를 전개한 것이 바로 그의 저작인 ≪향연≫이다. 이 향연의 장소는 기원 전 416년 비극시인 아가톤의 집이었다. 아가톤은 3만 관객이 모인 디오니소스 극장에서 거행된 연극 경연 대회에서, 자기의 비극 작품에다 합창시(合唱詩)를 삽입시켜 영예의 우승을 차지한 것을 자축해서 향연을 베풀었던 것이다. 그 자리에는 물론 소크라테스도 참석했고, 사람들은 사랑의 신 에로스를 찬미하는 연설도 행하게 된다.

그 자리에서 소크라테스의 결론이 내려진다. 즉 에로스는 부유(富裕)의 신 폴로스를 아버지로, 궁핍의 신 페니아를 어머니로 하여 태어남으로써 아주 가난하지도 부유하지도 않은 중간자다. 에로스는 지(知)와 무지(無知)의 중간에 위치하여 지를 애모하는 애지자(愛知者)인 것이다. 에로스는 아름다운 육체로 하여 아름다운 활동을 추구하고 또한 아름다운 학문에서 미(美)의 본체(本體)에 대한 인식을 추구한다는 것이다.

이 사상을 플라톤이 ≪향연≫에서 소크라테스의 입으로 말하게 하고 있으며, 또한 그것은 플라톤 자신의 사상이기도 하다. 그러므로 그 미의 본체에 대한 추구가 본래의 '플라토닉 러브'였던 것이다. 그러나 언제부터인가 이성간의 정신적인 사랑을 이른바 '플라토닉 러브'라고 속화(俗化)해서 쓰고 있다.

인간은 정치적 동물이다

아리스토텔레스는 소크라테스, 플라톤과 더불어 고대 그리스의 대철학자로 여겨지고 있다. 로마 시대로부터 중세를 거치는 동안에 아리스토텔레스의 철학적·과학적 권위는 거의 의심할 여지없이 결정적인 영향을 미쳤다.

그는 기원 전 384년에 마케도니아의 소도시 스타게이로스에서 출생했다. 그래서 그를 가리켜 사람들은 '스타게이로스 사람'이라 부르기도 했다. 스타게이로스는 칼키디케 (Chalcidice) 반도에 있다. 그의 부친 니코마코스는 마케도니아의 왕이며 필립포스 대왕의 부친인 아뮌타스 2세의 시의(侍醫)였다.

그는 18세 때에 아테네에 건너가서 플라톤이 죽기까지 근 20년간 그의 제자로서 플라톤이 세운 학원인 아카데메이아에서 지냈다. 그동안 그는 플라톤의 여러 학설을 터득했고 그것은 뒷날 아리스토텔레스의 여러 저작에서 나타나고 있다. 한편 그는 아카데메이아의 스페우시포스 등 여러 학생들과 마찬가지로 생물학 연구에도 힘썼다. 그는 플라톤이 죽은 뒤에 소아시아와 레스보스 섬에서 5년간을 지내며 한때 생물학 연구에 몰두한 것으로 알려지고 있다.

기원 전 343년에 그는 마케도니아 왕 필립의 초청으로 그 무렵 열세 살이었던 알렉산드로스(Alexandros)의 가정교사 노릇을 했다. 그가 이 미래의 영웅을 가르친 것은 수년간이었다. 알렉산드로스 대왕이 과연 얼마나 스승의 사상과 견문의 영향을 받았는지는 확실치가 못하다. 근대 독일 철학가 헤겔은 그 경우를 가리켜, 철학의 실제적 효용을 보여주는 좋은 예라고 지적했다. 그러나 영국의 문명 비평가였던 버트란트 러셀은 그런 견해에 부정적이었다. 러셀에 의하면 알렉산드로스는 아리스토텔레스를 현학적인 흥미없는 노인쯤으로 여겼던 것 같고, 아리스토텔레스 쪽에서는 소년을 철학이라고는 아무것도 모르는 고집스런 게으름뱅이로 여겼으리라고 지적했다. 아무튼 그 두 사람이야말로 사고의 한계가 이질적인 세계 속에 살았다는 것만은 틀림없는 사실이라고 여겨진다.

기원 전 335년에서 323년까지 12년간은 아리스토텔레스에게 있어서 가장 수확이 큰 시기였다. 그는 아테네 동부의 라이시엄(Lyceum)에 학교를 창설하여 많은 제자를 지도했고 저술에 힘썼다. 그 당시 그의 생활은 이상적인 학구에 힘쓰는 일이었다. 그는 이른 아침 맑은 공기 속에서 학원 안의 산책로를 서서히 거닐면서 상급반 학생들과 전문 과목에 대한 의견을 교환했다. 그런 것이 계기가 되어 그의 학파를 '소요 학파(逍遙學派)'로 부르게 된 것이다.

알렉산드로스 대왕이 죽자 그의 조용한 학구 생활에는 종지부가 찍혔다. 기원 전 323년에 알렉산드로스가 바빌로니아에서 죽자 아리스토텔레스가 마케도니아와 무슨 관련이 있지 않나 의심을 산 것이다. 그것은 그의 철학적 활동에 반대하는 사람들에 의해서 꾸며졌을 가능성이 많다. 아무튼 아테네에서의 그의 생활은 외국인으로서 정치적 권리가 없었으며, 아테네 인이 반란을 일으키고 그를 박해하게 된 것이다. 그런 사정 때문에 그 역시 소크라테스가 당한 운명을 겪게끔 되었다. 그러나 그는 소크라테스와는 달리 피신을 하였다. 그때 그는 "아테네 사람들로 하여금 두 번 다시 철학에 대하여 죄를 짓지 않게 하기 위해서 피신하노라"고 말했다고 한다. 그는 이듬해인 기원 전 322년 유비아(Euboea)의 칼키스(Chalcis)에서 죽었다. 사인(死因)은 과로한 연구 생활 때문에 생긴 지병인 만성 소화불량의 악화였다.

　아리스토텔레스의 학문적 업적은 철학뿐 아니라 과학 및 모든 학문의 분야에 미치고 있다. 그의 중요한 저작으로는 《형이상학》·《윤리학》·《정치학》·《논리학》·《자연학》·《시학(詩學)》 등을 들 수 있다. 이 모든 저술은 각기 오랜 기간에 걸쳐 그 분야의 지도적인 규범으로 여겨져 왔다.

　표제로 삼은 '인간은 정치적 동물이다'라는 말은 두말할 나위도 없이 그의 《정치학》에 나오는 말을 인용한 것이다. 여하간 그 말에는 아리스토텔레스의 국가관·사회관이 단적으로 나타나 있다. 그의 학설에 의하면 '국가는 최고의 종류의 사회인 동시에 최고의 선(善)을 목적으로 하고 있다. 국가는 시간적으로는 가족보다 나중에 생긴 것이지만 그 본성에 있어서는 가족이나 개인에 우선한다. 왜냐하면 모든 요소가 충분히 발달한 단계에 있는 것이 본성으로 불린다는 것이며, 인간 사회가 충분히 발달한 것이 그 국가이기 때문이다. 법률이 없다면 인간은 최악의 동물이나, 법률은 국가를 전제로 비로소 존재한다. 그러나 국가는 단순히 상거래며 범죄 방지를 위한 기관이 아니다. 국가의 목적은 선을 이룩하는 생활이다. 그리고 정치적인 사회는 단순히 친구를 만나기 위해 존재하는 것이 아니라, 고귀한 행동 때문에 존재하는 것이다.'

　이러한 주장에서도 분명하듯이 아리스토텔레스의 정치학은 응당 플라톤의 국가론을 이어받아 관념적 이상주의적 요소를 다분히 띠고 있다.

통 속의 철학가

고대 그리스의 퀴닉(Kynik)학파 철학가인 디오게네스는 집 대신에 통 속에서 살았다고 한다. '퀴닉학파'라는 것은 '개와 같다'는 그리스 어에서 파생된 말이다. 그들은 세속적인 습관과 형식 등을 무가치하다고 경멸하여 반문명적, 반사회적인 이른바 개와 같은 원시적인 간이 생활을 실행했다.

'습관은 제2의 천성이다.'

이 말은 디오게네스가 한 말이라고 알려지고 있는데, 습관의 구속력이 큰 것과 그 무의미성을 지적한 것이라고 본다. 그들에게 있어서 세속적인 권위라는 것은 한낱 웃음거리에 지나지 않았다.

기원 전 412년에 시노페(Sinope)에서 출생한 디오게네스는 퀴닉학파의 안티스테네스를 사사했으며, 세속적인 일은 값없이 여겼으되 덕과 철학은 존중했다. 더구나 그의 기행(奇行)은 많은 일화를 남기고 있다.

알렉산드로스 대왕이 온 그리스 땅을 정복하고 득의양양했을 무렵, 디오게네스의 평판을 듣고는 한번 만나고자 생각했다.

그러나 왕이 불러도 나타나지 않으므로 왕은 스스로 디오게네스를 만나러 갔다. 디오게네스는 여전히 통 속에 웅

크리고 있었다.

"과인은 알렉산드로스요, 그대가 바라는 바가 무엇이오?"

대왕의 질문에 철학자는 대답했다.

"좀 비켜서시오. 해가 가리어 그늘이 지오."

돌아가는 길에 알렉산드로스 대왕은 나직이 말했다.

"만약 내가 알렉산드로스가 아니었다면 그 디오게네스가 되었으리라."

또한 디오게네스에게는 이런 일화도 있다. 플라톤은 인간을 정의하기를 '몸에 날개털이 없고 두 발로 걷는 동물이다'고 했다. 사람들은 그 말에 모두 감탄했다.

그러나 디오게네스의 경우는 달랐다. 그는 닭의 날개털을 뽑아 플라톤의 찬미자들을 향해서 내던진 것이다.

"이게 바로 플라톤이 말하는 인간이라는 것이오!"

퀴닉학파의 철학자들이 세상을 비꼰 태도야말로 오히려 동양적 느낌을 준다. 왜냐하면 서양 사상의 본류는 역시 적극적인 인간 긍정, 문명주의라고 할 수 있으니 말이다.

에우레카(발견했다)

이 표제는 고대 그리스 시라쿠사(Siracusa) 태생의 철학자이며 수학자 및 물리학자였던 아르키메데스(B.C 287~212)가 쓴 말이라고 한다. 시라쿠사의 군주인 히에로 왕은 순금 덩어리를 장인(匠人)에게 주고 왕관을 만들라고 했다. 왕관을 완성했을 때, 왕은 혹시 불순물이 섞인 게 아닌가 의심이 나서 아르키메데스에게 그것을 조사하라고 명했다.

그는 왕관을 녹여서 분석하지 않고 어떻게 다른 방법으로 알아낼 수는 없을까 하는 궁리를 했다. 그러던 어느 날 그가 대중 목욕탕에 갔을 때 탕 속에 물이 꽉 차 있었다. 그가 탕 속으로 들어가자마자 물이 어느 정도 흘러넘쳤다. 물 속에 물체를 넣으면 똑같은 용량의 물이 배제(排除)된다. 금은 은보다 무겁기 때문에 똑같은 무게의 금괴는 은괴보다 많은 물을 배제할 것이 틀림없다. 이른바 '아르키메데스의 원리'다.

아르키메데스는 생각이 거기에 미치자 너무도 기쁜 나머지 "에우레카, 에우레카"하고 소리치면서 벌거벗은 채 집으로 돌아왔다. 그리고 바로 실험에 착수해서 왕관에 불순물이 들어 있다는 것을 증명했다고 한다.

흔히 알려진 고사(故事)이기는 하지만 여기에는 오로지 진리를 발견하기에 골몰하는 인간의 참다운 정열이 얼마나 값진 것인가를 상징적으로 보여주고 있다.

그는 물리학에 있어서 부력(浮力)에 대한 그와 같은 원리 이외에도 지레의 원리를 발견했다. 수학에 있어서는 원주율·원의 면적·구의 표면적·체적 등을 발견했다.

여하간 순진한 아이처럼 하나의 원리를 발견한 것을 기뻐하며 소리치고 행동하는 진리에 대한 신앙과 정열은 듣는 이의 가슴을 뭉클하게 한다. 그것은 곧 서구적 합리주의 기초적인 선언인 동시에 르네상스의 휴머니즘과도 통하는 정신적 계보라고 하겠다.

그의 마지막 생애도 진리를 탐구하는 가운데 극적으로 막이 내려졌다. 시라쿠사가 로마와 싸울 때 아르키메데스는 많은 병기를 만들어서 로마 군사를 무찌르는 데 이바지했다. 그러나 끝내 시라쿠사는 외적에게 포위되었고 성안으로 로마 군사들이 쳐들어왔다. 그때 늙은 학자 아르키메데스는 기하학의 문제를 푸는 데 열중하고 있었다. 로마 병은 아르키메데스를 잡아서 나가자고 했으나 아르키메데스는 순응하지 않았다.

"이 문제를 풀 때까지만 기다리시오."

이렇게 진리 탐구에 열중하던 노학자를 무지한 적병은 피에 굶주린 듯 참살하고 말았다. 아르키메데스야말로 진리를 찾다가 순사(殉死)했다고 하겠다.

여타의 분야에서도 그렇거니와 그리스는 아르키메데스에 의해 학구에 있어서의 한 이상상(理想像)을 보여주었다고 할 수 있다.

기하학에 왕도는 없다

기하학의 기원에 대해서는, 고대 이집트에서 나일강이 범람하면 전답의 측량을 다시 해서 경계를 정해야 할 필요가 있어서 생겨났다고 한다. 그러나 기하학을 학문적인 체계로 이룩한 사람은 알렉산드리아의 학자 에우클레이데스(Eukleidés, B.C. 367~283)이다. 흔히 그를 유클리드

(Euclid)라고 하는 것은 영어식으로 부르는 이름이다. 평면 기하학을 '유클리드 기하학'이라고 하는 것은 그가 평면 기하학의 창시자이기 때문이다. 에우클레이데스의 업적은 두말할 나위 없이 그의 저서 ≪스토이케이어(幾何學原本)≫ 13권이다. 그것이 그리스 시대의 권위있는 교과서였던 것은 부연할 여지가 없다. 그 이외에도 ≪투시도법(透視圖法)≫과 ≪음악 이론≫에 대한 저서도 있으며, 알렉산드리아의 대학인 무세이온에서 수학을 가르쳤다고 한다.

그는 당시 이집트 왕 프톨레마이오스 1세(B.C. 323~283)에게 초청받아서 강의를 했다고 한다. 어느 날 왕은 그의 기하학의 내용이 워낙 방대하여 어안이 벙벙했던 모양이다. 그래서 왕은 그에게 물었다.

"기하학을 속성으로 배울 수 있는 방법은 없소?"

그러자 에우클레이데스는 뚜렷하게 대답했다.

"기하학에는 왕도(王道)가 없나이다."

이 한 마디야말로 학문의 권위가 얼마나 높은 것인가를 웅변하는 미담으로 전해지고 있다. 학문, 특히 자연과학과 같은 엄밀한 이론의 세계에 있어서는 어떠한 속된 권력도 통용될 수 없는 진리가 숨어있다고 보겠다.

골디우스의 얽음

페르시아 전쟁 전후(前後)에는 그리스의 황금 시대로서 특히 아테네는 번영의 극에 달하고 있었다. 그러나 얼마 후

스파르타와의 사이에 대립이 격화되어 22년에 걸친 펠로폰네소스 전쟁이 발발했다. 기원 전 4세기 전후에 걸친 기간은 그리스의 도시국가간의 분쟁이 현저했던 시대다. 처음에는 스파르타가, 나중에는 테베가 우세했으나 거의 만성적인 전쟁 상태로 인해서 농업은 황폐해졌다. 도시국가 내부에서도 당쟁(黨爭) 때문에 다수의 시민들이 망명했다. 또한 화폐 경제의 발전과 동시에 빈부의 차가 현격하게 늘어나 금전으로 사는 용병(傭兵) 제도가 유행하는 등 도시 국가적인 생활은 급속하게 붕괴되어 버렸다.

이 무렵에 이르러 대두된 것이 그리스 북방에 있었던 마케도니아 인들이다. 기원 전 383년에는 마케도니아 왕 필립포스 2세가 그리스를 침공했다. 아테네의 웅변가 데모스테네스는 위기를 간파하고 아테네와 테베 연합군을 결성했으나 약세로 파멸당했고, 스파르타를 제외한 온 그리스 땅이 마케도니아의 지배에 들어갔다. 바로 그 필립포스 2세 슬하에서 젊은 왕자 알렉산드로스는 사자처럼 성장하고 있었던 것이다.

알렉산드로스는 부왕이 군사를 계속 일으켜서 영토를 확장하는 것을 달가워하지 않았다. 측근자가 그 이유를 물은 즉 소년의 대답은 엉뚱했다.

"세계의 땅에는 한계가 있다. 부왕은 자식에게 정복의 여지를 남겨 주시지 않을 셈이란 말인가?"

필립포스 2세가 죽은 뒤, 마케도니아 왕이 된 알렉산드로스는 눈을 동방의 페르시아로 돌렸다. 그의 휘하 마케도니아 군사들은 페르시아 군을 짓부수고 침략의 손길을 더욱 뻗쳐나갔다.

소아시아 서안인 프리지아의 골디움을 함락시킨 알렉산드로스 왕은 도시의 신전을 찾아갔다. 그곳에 있는 신(神)의 수레에 달린 기다란 막대기에는 복잡하게 얽힌 마디가 지어져 있었다. 그 얽힌 마디들이야말로 골디우스 왕(탐욕의 벌 때문에 딸을 황금으로 변하게 한 전설로 유명한 미다스 왕의 아버지다)이 묶은 것으로서, '이것을 푸는 자는 아시아의 왕이 되리라'는 신탁이 달린 것이다. 알렉산드로스는 묶은 마디들을 잠시 살펴보고있더니 느닷없이 칼을 번쩍 뽑아서 내리쳤다. 단숨에 한칼로 두 동강을 내버린 억지 방법이었던 것임에 틀림없다.

"과인이야말로 아시아의 왕이노라!"

그는 이렇게 소리친 것이다. 그는 군사를 몰고 이집트 땅에 들어갔고, 나일강 하구에다 알렉산드리아를 건설했다. 그후 동쪽으로 진출해서 알베라의 싸움에서 다리우스 3세를 무찔렀다. 그때 알렉산드로스는 다리우스 3세의 전차(戰車)에 육박했는데, 다리우스 3세의 전차는 쓰러져 죽은 페르시아 군의 시체 더미 때문에 움직이지 못했다고 한다.

기원 전 330년에 이윽고 페르시아를 멸망시킨 알렉산드로스는 다시 동진(東進)해서 인도에 침입하여 인더스 강가에 이르렀다. 거침없는 정복에 장병들은 오히려 두려움마저 느꼈으며, 이 큰 강이야말로 세계의 끝이라고 일컫고 더 전진하질 않았다. 그때 알렉산드로스는 땅에 엎드려 거세게

울음을 터뜨리고야 말았다.

"과인에겐 이제 더 정복해야 할 땅이 없노라!"

알렉산드로스는 바빌론에서도 개선해서 그리스와 동양에 걸치는 대제국의 지배자가 되었다. 그러나 그것으로 모든 사명을 다한 듯이 느닷없이 죽고 말았다. 골디우스 왕이 얽어 놓은 것을 잘라 버린 칼이 그의 생명마저 잘라 버렸는지도 모르는 것이리라.

이제 그리스 인은 헬레니즘 시대라고 불리는 새로운 시대를 맞이하게 된 것이다. 그것은 도시 국가적인 특징을 갖고 있던 순수한 그리스 문화가 세계 제국의 각지에 분산 보급되어지는, 또한 어떤 의미로는 참으로 그리스적인 것을 잃어가는 과정이기도 했다.

카르타고를 멸하지 않으면 안 되노라

기원 전 6세기경부터 공화제를 채택해서 차츰 세력을 강화시킨 로마는 기원 전 265년에 이르러 이탈리아 반도의 통일을 완성했다. 그 결과 당시 지중해의 최강국이었던 카르타고와의 사이에 격심한 충돌이 일어나게 되었다. 카르타고는 해양 민족이었으나 페니키아 인들이 북아프리카 한 모퉁이에다 건설한 소수 전제(專制) 국가로서, 상업국으로 번영을 자랑하는 동시에 그 당시 최대의 해군력을 갖추고 있었다.

시칠리아 섬의 이탈리아 인들은 시라쿠사의 압박을 받자

처음에는 카르타고에 구원을 요청했고, 나중에는 로마에 구원을 바랐다. 그러나 그것이 동기가 되어 카르타고와 로마 사이에는 전쟁이 일어났다. 그것이 바로 포에니(Poeni) 전쟁의 시초였다. 두 나라는 전후 세 번에 걸쳐서 숙명적인 대결을 반복하기에 이르렀다.

제1차 포에니 전쟁(B.C. 264~241)은 주로 해전(海戰)으로서 당시 최대 해군국이던 카르타고는 로마 군에게 대패했다. 기원 전 264년에 로마는 시리아의 그리스 식민지 쟁탈 문제가 대두되자 갑자기 해군을 편성했으며, 이탈리아 인의 원조로 군함을 만들어 막강한 카르타고 해군을 격파한 것이다. 이 승리로 로마는 카르타고로부터 거액의 전쟁 배상금과 시칠리아 섬을 획득하게 되었다.

그후 스페인에 근거를 얻은 카르타고의 장군 하니발은 복수에 불타는 마음으로 전비를 갖추고 있었다. 해전에서 패전한 지 7년만인 기원 전 218년 봄, 이윽고 카르타고의 장군은 스페인을 출발해서 여태껏 군대가 넘어보지 못했다는 험준한 알프스 산을 넘어 이탈리아에 침입했다. 그리고 기원 전 216년 칸네 전투에서 로마 군을 대파했다. 그때 8만 6천의 로마 군 중 생환자는 불과 1만 4천에 지나지 않았을 정도로 막대한 인명 피해를 안겨 준 것이었다. 하니발은 때를 놓칠세라 여세를 몰고 로마의 문턱에까지 육박했다. '하니발이 문턱에 있다!' 이 말은 당시 로마인들의 공포에 찬 두려운 표현이었다. 이렇듯 로마는 하니발 앞에서 멸망 일보 직전에 놓여 있었다.

　그 당시 로마의 장군 스키피오는 스페인을 점령하고 카르타고로 쳐들어갔다. 그러자 카르타고의 부패한 지도자는 당황하여 하니발을 본토로 불러들이게 되었다. 하니발은 기원 전 202년 자마의 전투에서 로마 군과 싸웠으나 패하였다. 결국 카르타고는 로마에게 스페인을 나누어주게 되었고, 군함을 제한당했으며, 로마의 허가가 없이는 다른 나라와 전쟁을 하지 않기로 약속했다. 그러나 이러한 제2차 포에니 전쟁의 종결 이후에도 카르타고는 다시금 지중해 시장에서 로마와 경쟁하게 되었다.

　그 무렵 로마의 정치가며 포에니 전쟁에 종군해서 많은 공로를 세운 카토는 원로원에서 행한 한 연설에서 이렇게 끝을 맺었다. 즉,

　"또한 나는 주장하니, 카르타고를 멸하지 않으면 안 되노라."

　이러한 주장은 로마로 하여금 제3차 포에니 전쟁의 불씨를 당기게 한 하나의 동기가 되었던 것이기도 하다. 그 당시 실상 카르타고는 누미디아(Numidia)에게 침범당하여서 출병하기에 이르렀으나 로마는 약속 위반을 구실로 기원 전 149년에 에미리야누스를 선봉장으로 카르타고를 공격했다. 기원 전 146년에는 카르타고의 전 시가를 완전히 점령함으로써 카토의 연설처럼 카르타고를 멸망시키고 만 것이었다.

　카토는 로마의 정치가로서 그리스 문화의 침입을 배격했다. 그는 또한 산문 작가로서도 유명했으며 ≪농업론≫·≪

기원론≫ 등을 저술했다. 그러기에 그를 가리켜 오늘날 라
틴 산문 문학의 조상이라 일컫고 있다. 그러나 그런 유능한
사람이긴 했어도 카토는 노예 여자라든가 손아래 거느리는
여성들을 숱하게 망쳤다는 일화의 주인공이기도 하다. 그런
반면에 패망한 카르타고의 하니발은 지(智)·인(仁)·용(勇)
을 고루 갖춘 명장이었다고 한다. 그러나 역사의 심판은 윤
리상의 문제와는 아랑곳없는 것인가 보다.

또한 '카르타고를 멸하지 않으면 안 되노라'라는 간결하고
도 인상적인 카토의 발언은, 역사상 숙명적인 국가간의 대
립에 처했을 때 상대방을 철저히 무찌르자는 뜻으로 오늘에
이르기까지 수없이 되풀이되어 쓰여 온 명언이 되었다.

브루투스, 너도냐?

셰익스피어의 희곡 ≪줄리어스 시이저≫에 나오는 '브루
투스, 너도냐?'하는 이 유명한 글귀는 본래 로마의 문학가
수에토니우스(69~140년경)의 ≪12황제 전≫에 나와 있
다. 그 중 시이저, 바르게 말하면 율리우스 케사르의 전기
에 나와 있다. 로마 제국 초대의 황제(황제라는 것은 현대
적인 해석이며 로마에서는 임페라토르(Imperator) 즉, '명
령자'로서 호칭되는 비상 대권의 보유자를 가리키는 것이었
다)는 옥타비아누스였다. 그러나 그 기초를 닦은 것은 그의
양부며, 실상은 외할머니 율리아의 오빠인 율리우스 케사르
(B.C. 102~44)로서 공화제 말기(그 당시까지 약 4백 년

간 로마는 형식상 원로원을 중심으로 하는 공화정치였다)
의 대혼란, 말하자면 피를 피로써 갚는 내란 시대에 종지부
를 찍은 자가 바로 케사르였다. 그를 가리켜 불세출의 영웅
이라고 할 만큼 그는 군사적으로 또한 정치적으로 천재다.

 그는 귀족 출신이긴 했으나 평민당에 접근해서 폼페이우
스 등과 제1차 삼두정치(三頭政治)를 행해서 원로원과 대
립했다. 집정관으로서 만기가 된 뒤에는 갈리아(오늘의 프
랑스)에 가서 그 일대를 평정했고, 또한 브리타니아(오늘의
영국) 지방도 정복했다. 폼페이우스와 공모한 원로원이 그
에게 군사령관직을 물러나고 군대를 해산할 것을 명하자,
그는 루비콘 강을 건너 로마로 진격해서 파르사르스에서
반대파를 분쇄하고 종신 독재관이 되어 임페라토르의 칭호
를 받았다. 또한 그는 이집트에 원정해서 절세의 미녀 클레
오파트라를 원조하기도 했고, 소아시아·스페인·아프리카
등지에도 전전(轉戰)했다.

 그러나 기원 전 44년 4월 13일은 운명의 날이 되었다.
공화제를 옹호하는 브루투스, 카시우스 등이 음모해서 원로
원에서 그를 암살하고 만 것이다. 케사르는 그를 죽이려는
자들에게 빙 둘러싸였다.

 최초의 제일격의 칼을 찌른 것은 원로원 의원 카스카였
고, 누구 하나도 케사르를 구하려는 자는 없었다. 스물세
번의 칼이 그를 난자한 것이다. 케사르는 피에 젖은 옷으로
머리를 덮었을 뿐 소리치진 않았다. 그러나 자기의 아들이
나 다름없이 아껴주었던 브루투스가 칼을 뽑아 들고 다가

왔을 땐 비로소 그도 그리스 어로 "너도냐?, 아들아!"라고 말했다는 것이다.

이렇듯 로마 제일인자는 쓰러졌고, 피비린내 나는 싸움은 옥타비아누스의 통일 때까지 계속되었다. 라틴 어로 '브루투스, 너도냐?'하는 표현으로 된 것은 이미 셰익스피어에 앞서서 리처드 이즈의 ≪케사르 극(劇)≫에서 씌어진 것이 그 당시 유행했던 때문이라고 한다.

케사르의 명언으로 유명한 것은 그 밖에도 많은데 그 중 '주사위는 던져졌다'는 것이 있다. 그것은 '이제 더 물러설 수는 없다'는 경우를 가리켜 케사르가 그런 표현을 했다는 게 거의 틀림없다.

'나는 왔노라, 보았노라, 이겼노라(Veni,vidi,vici)'

이것은 케사르의 명언으로 알려진 역사상 가장 짧고 의미심장한 승전 보고문으로 칠 수 있다.

그는 원로원에서 이와 같은 보고를 했던 것이다. 즉 그가 이집트를 공략하고 난 뒤, 시리아에서 소아시아의 폰토스 지방에 쳐들어가 닷새 동안에 불과 네 시간의 격전으로 결정적인 승리를 거둔 뒤의 일이다.

또한 폰토스의 승리를 축하하는 로마 개선 때의 축하 행렬에는 그 말을 쓴 피켓을 든 사람이 행진했다고 한다.

로마의 평화

로마 초대 황제 옥타비아누스는 앞에서도 말했듯이, 율

리우스 케사르가 자기 외할머니의 오빠였는데, 그는 케사르
의 양자가 되었다. 케사르가 원로원에서 암살당했을 때 옥
타비아누스는 불과 19세였다(기원 전 63년 9월 23일생으
로 알려지고 있다). 그러나 그는 이미 양부 케사르 밑에서
많은 활약을 해서 공을 세웠다. 케사르가 죽은 뒤에는 안토
니우스, 레피두스와 더불어 삼두정치를 행했다. 얼마 안 있
어 레피두스가 죽고 안토니우스가 방종을 하자 야심만만한
그는 더없는 절호의 기회를 놓칠 리 없었다. 11년 뒤에 그
는 악티움 해전에서 이집트의 클레오파트라와 반로마 정책
의 안토니우스의 연합 해군을 무찔러버린 것이다. 그리하여
로마에 개선한 옥타비아누스는 얼마 안 있어 공화론자들을
완전히 평정하고 로마 제일인자로서 아우구스투스(Augus-
tus: 존귀한 자)라는 존호(尊號)로 불리었다.

　'로마의 평화(Pax Romana)'는 그때부터 지중해 세계,
당시의 인문(人文)세계의 거의 대부분에 걸쳐 펼쳐지게 된
것이다. 왜냐하면 그는 수십 년, 아니 백 년 이상도 더 오
래 끈 전란에 시달린 각 국민이 안심하고 살 수 있는 평화
주의 정책을 쓴 것이다. 더구나 학문과 예술, 토목 등을 크
게 융성시킴으로써 이른바 '아우구스투스 시대'를 이룩한 것
이다. 말하자면 그는 케사르 이후의 천하 통일과 평화의 확
립자로 그리스·로마의 문화 발전에 크게 기여했으며, 고대
세계의 동향을 결정지었던 것이다.

　그는 나라 안을 평정한 뒤로는 양부인 케사르가 늘 군사
들을 지칭할 때 불렀듯이 '코밀리토네스(Commilitones:

전우여, 함께 싸우는 이들이여)'라고 부르지 않았다. 자기 자제에게까지도 단지 밀리테스(milites: 병사들)라고만 불렀다. 또한 그는 경솔한 것을 몹시 싫어했기 때문에 입버릇처럼 "우수한 지휘관은 서두르거나 당황하지 않는다"고 말했다.

또한 그러기에 "대담한 장군보다는 안전하고 틀림없는 사람이 윗자리지"라든가, "무엇이나 충분히 제대로 이루게 되면 그게 바로 충분한 속도라는 것이다"라는 말을 곧잘 썼다고 한다. 그는 우리 속담에 '급히 먹는 밥이 체한다', '돌다리도 두드리고 건넌다'는 식으로 매우 침착하고 견실한 지도자였던 모양이다. 그러므로 안토니우스를 무찌르기 위해서 10년 이상이나 기회를 노렸던 것이다.

그런데 옥타비아누스는 가정적으로 혜택을 입지 못하는 불행이 따랐다. 자기의 친자식들은 일찍 죽어서 손이 끊겼고, 후처인 리비아는 권모술수의 농간을 부리는 여자였다. 자신의 후손이 없었기 때문에 후처가 데리고 들어온 자식인 티베리우스가 제위(帝位)를 이었다. 그러나 그후 제위는 음모의 수렁에 휘말렸다. 마침내 유명한 폭군 네로를 마지막으로 율리우스 가문의 혈통도 끊기게 되는데 그것도 불과 백 년에 그치고 만 것이다.

여기 참고로 덧붙이자면 'Pax Britanica'라는 말이 근대 영국에서 쓰여졌었다. '영국의 평화'라는 뜻으로 쓰인 것인데 그것은 대영 제국의 최성기(最盛期)의 일이다.

모든 길은 로마로 통한다

그 옛날 로마는 고대 세계의 태반을 차지하는 대제국의 수도로서 글자 그대로 세계의 중심으로 여겨졌다. 지금까지 전해지는 속담도 그 당시 로마의 위상을 증명해 준다고 볼 수 있다.

'모든 길은 로마로 통한다.'

이 말은 우리 속담에 '모로 가도 서울만 가면 된다'는 것을 상기시킨다. 즉 방법은 여하간에 행하는 목적이 같으면 된다는 뜻이다.

모든 길이 로마로 통한다는 속담이 나오게 된 동기의 하나로 볼 수 있는 것은 그 당시 로마제국의 도로가 놀라울만큼 발달했던 관계도 있을 것이다. 로마 인은 '도로만들기'라는 별명이 붙을 만큼 대규모의 토목공사에 탁월한 능력을 가지고 있었다. 그들은 광대한 영토에 군용도로를 종횡무진 뚫어 나갔으며, 그 당시의 이름이 오늘의 유럽 각지에 그대로 남아 있을 정도다.

이 속담이 영어로 처음 쓰인 것은 14세기 영국 시인 초서에 의해서다. 그러나 그는 그 말을 이탈리아에서 들여온 것이 사실이리라.

또 이런 속담이 있다. '로마에 가면 로마 인이 하듯이 하라.' 이 말은 어디까지나 그 고장 풍습을 존중하라는 뜻이다.

기독교 초기에는 종교적인 풍습이 고장에 따라 달랐다. 단식일도 어느 곳에서는 일요일인데 반해 다른 곳에서는 토요일인 곳도 있었다. 4세기에서 5세기에 걸치는 고대 기독교 교부(教父)로서 유명한 아우구스티누스(북아프리카 출생)도 그런 날짜 결정에 어리둥절해서 선배인 안부로지우스에게 물었다고 한다. 그랬더니 그가 대답하기를,

"나는 여기(밀라노) 있을 때는 일요일에는 단식하지 않네. 로마에 있을 때는 하지." 했다고 아우구스티누스는 자기 서간(書簡)에 기록하고 있다. 그것이 바로 '로마에 가면 로마 인이 하듯이 하라'는 속담을 낳은 동기인 듯하다.

아우구스티누스는 고대 기독교 교부일 뿐 아니라 철학에 있어서 신(神)플라톤주의의 기독교화에 힘썼다. 인식론에 있어서는 데카르트에 앞서서 의식의 사실 및 자기의 자증(自證)을 그 출발점으로 삼았다. 또한 국가론에서는 고대 사상을 기독교적 의미에서 섭취·개용(改容)해서 '어떠한 국가 권력도 모두 신(神)으로부터 나온다'고 강조했다. 그의 명저로는 《고백》·《신의 나라》 등 수많은 저술이 있다.

'로마는 하루에 이루어지지 않았다(Rome was not built in a 〈one〉 day)'라는 속담은 본래 12세기 프랑스 속담집에 나온다고 한다. 그런데 특히 유명하다면 세르반테스의 《돈키호테》 속에 그 말이 인용되고 있다는 사실이다.

이 뜻을 굳이 풀어 볼 필요는 없다고 본다. 어떤 큰 일이 하루 아침이나 하룻밤에 이루어질 수는 없다는 뜻이니 말이다.

사랑은 모든 것을 초월한다

로마 제일의 서사시인 베르질리우스(B.C. 70~19)는 북이탈리아의 만투바(Mantuva)에서 태어났다. 그는 기원 전 37년에 ≪전원시≫를 쓴 뒤에 그의 필생의 대작인 ≪아에네이스(Aenéis)≫를 썼다. 그리고 그는 기원 전 19년에 자기가 ≪아에네이스≫에 묘사한 실지(實地)를 현지 답사하기 위해서 그리스로 항해했으나 도중에 발병해서 사망했다. 그는 중세와 르네상스 시대의 최대 시인으로 평가되었고, 그의 시는 예언으로까지 인용되었다.

이렇듯 로마 최대의 시인 베르질리우스를 가리켜 영국의 현대 시인이며 평론가였던 T.S. 엘리어트는 가장 고전적인 작가로서 평했다. 그보다 약간 손아래인 그의 시우(詩友) 푸로페루티우스는 베르질리우스를 그의 ≪비가(悲歌)≫ 속에서 시성(詩聖) 호머에 비유해서 칭송하고 있기도 하다. 설령 그것이 과찬(過讚)이었다손 치더라도 베르질리우스가 라틴 제일급의 시인이었다는 것은 누구도 부인할 수 없다. 특히 그의 시는 아름다운 인정에 넘치며 깊은 정서가 들끓는 표현들이라고 하겠다.

그는 청년 시대에 쓴 ≪전원시≫에서 '사랑은 모든 것을 초월한다'고 표현하고 있다. 물론 그 시가 어떤 완숙한 기법을 띠고 있다고는 할 수 없으나 신선감이 넘치고 젊음이 넘치는 데다가 특히 첫사랑의 묘사는 읽는 이로 하여금 큰 감명을 받게 한다.

그 시의 내용은 한 청순한 소녀를 동경하며 짝사랑하는 젊은이의 괴로움을 엮고 있다. 그 젊은이란 그의 친구 가루스로서, 가루스는 숲 속을 홀로 헤매며 나무에다 애인의 이름을 새기다 요정의 유혹을 받기도 한다. 그러나 사랑은 너무도 강한 것이기에 벗어날 수는 없다.

'사랑은 모든 것을 초월하며, 우리들 또한 사랑에는 굴복할 수밖에 없도다.'

이 구절은 '노고(勞苦)는 모든 것을 초월한다'든지 '진리는 모든 것을 초월한다' 등 여러 가지로 엇갈려 쓰여지고 있다.

여기 덧붙여서 로마제국 초기 시인들의 사랑에 관한 시구를 몇 개 들어보기로 한다.

'참다운 사랑이란 끝을 갖는 것을 모르는 것.'

'사랑이란 되풀이해서 늘어나긴 하더라도 결코 버릴 수는 없는 것.'(이상은 푸로페루티우스의 시구)

'사랑을 받으려면 우선 사랑스러워라.'(오비디우스의 ≪사랑의 기법≫에서)

건전한 육체에 건전한 정신

흔히 쓰이는 이 말은 로마의 풍자시인 유베날리스의 시구다.

물론 누구나 완전무결한 건강을 바라지 않는 사람은 없을 것이며, 또한 건전한 정신 기능도 함께 가지기를 바라고 있을 것이다.

그러나 우리는 제 분수를 저버리는 경우가 허다하다. 고대 그리스 시인 디오구니스의 말에 '사람은 부자가 될수록 탐욕스러워진다'고 지적했다. 재산이 산술급수적으로 느는 데 비해 욕망은 기하급수적으로 증가하듯이, 인간의 물욕이다 권세욕이다 하는 모든 욕망은 한이 없다.

유베날리스는 현재 16편의 풍자시를 남기고 있는데 '건전한 육체에 건전한 정신'이라는 시구가 담긴 것은 그의 풍자시 제10편에 담겨있다. 그것은 바로 인간의 욕망이 빚어내는 비참하고 공허한 처사를 노래하고 있다. 즉 오만한 티벨리우스의 총신 세이아누스, 웅변가 키케로, 명장 하니발의 말로(末路)가 얼마나 비참하며, 빼어난 미모가 이로운 것보다는 해로운 게 많다는 미인 박명 등을 풍자하고 있다. 그러기에 인간에게 가장 바람직한 것은 '건전한 육체에 건전한 정신'이라는 것이다.

그렇다면 '건전한 마음'이란 무엇일까? 그리스 인, 특히 소크라테스가 주장했듯이 절도있는 바른 마음, 즉 소프로시네(Sophrosyne)가 아니면 안 될 것이다. 사실상 건전한 정신을 소유한다는 것은 건전한 육체처럼 쉽사리 얻을 수는 없는 노릇이다. 더구나 오늘날처럼 의학이 발달한 현대에 건전한 몸이란 옛날에 비해서는 얻기 쉬운 것이다. 그러나 예전에는 오늘날과는 달리 건전한 몸을 쉽사리 얻을 수 없었는지도 모른다. 그러기에 올림픽 경기를 시작한 고대 그리스에서는 뛰어난 체구가 만인의 칭송과 선망의 대상이 되었으니 말이다.

흔히 '건전한 육체에 건전한 정신'을 '건전한 정신에 건전한 육체가 깃들인다'고 쓰는데 그것은 잘못된 표현이다.

시간은 금이다
—캘린더의 유래—

이 말은 프랭클린이 '청년에 대한 충고'에서 인용한 이래 매우 유명하게 되었다. 18세기 후반 미국의 계몽 사상가로서 프래그머티즘의 원조가 되는 사람이 이런 극히 현대적인 명제를 거론했다는 것은 당연한 노릇인 동시에 의미심장하다.

그러나 그 말의 연원을 따진다면 아주 오랜 옛날로 돌아간다. 즉, '통집 속의 철학가'로서 이름 높은 고대 그리스의 디오게네스는 "시간은 인간이 소비하는 것 중에서도 가장 귀중한 것이다"라고 했다. 또한 '시간은 금이다'라는 표현을 정확히 쓴 것은 16세기의 프랑스 작가 라블레였다.

그런데 시간의 척도가 되는 달력인 캘린더(calendar)라는 말도 그 역사를 살피면 금전과 관계가 있다는 사실이 결코 우연은 아니다.

'calendar'는 라틴 어의 'Kalendarium', 또는 'Calendarium'에서 파생된 것이다. 로마에서는 본래 'Kalendarium'이 차금대장(借金臺帳)을 의미하고 있다. 그 당시 차금의 이자는 매월 제1일인, 즉 'Kalends'에 지불하는 관습이 있던 데서 이 명칭이 나온 것이다.

매월 제1일을 'Kalends'로 부르게 된 데는 또한 유래가 있다. 매월 제일날에 빚진 상인이 이자를 무는 관습은 고대 그리스 시대부터였다. 그래서 그날이 되면 전문적인 통보자가 있어서 그가 사람들에게 알려 주었던 것이다. 그것 때문에 그리스 어의 '호출된다'는 의미의 'Kalends'는 매월 제1일을 가리키게 되었다.

이어서 달력의 역사를 살펴보기로 하자. 태양력의 기원은 고대 이집트에서 비롯된다. 이집트에서는 이미 기원 전 4천 년경에 30일을 한 달로 하는 12개월과, 별도로 닷새를 더한 1년을 365일로 삼은 달력을 쓰고 있었다.

그후 한참 내려와서 기원 전 238년 프톨레마이오스 왕 시대에는 4년에 한 번씩 366일의 윤년을 두는 것이 연구되었다. 그것이 그리스에서 채택되고 다시 로마에 이어져서 정확한 태양력의 기초가 된 것이다.

그런데 로마 초기에는 10개월짜리 달력이 사용되었는데 그것으로는 계절의 큰 차이가 생기기 때문에 적당히 윤달을 넣어서 정정해 나갔다. 기원 전 713년경 누마 왕은 1년 중의 마지막 달인 'December(10의 달이라는 뜻)' 다음에다 'January'와 'February'를 덧붙여서 1년을 12개월 355일로 해서 썼다. 그러다가 기원 전 451년에 이르러서 'January'를 1년의 최초의 달로 고쳤기 때문에 8월을 뜻하는 'October'가 10월이 되었고, 10월을 뜻하는 'December'가 12월이 되는 등 여태껏 쓰던 달력과 2개월씩 뒤로 밀리는 차이가 생겼던 것이다.

'January'의 명칭이 된 연유는 'anus' 신에서 따왔기 때문인데, 야누스 신은 쌍면신(双面神)이기 때문에 뒷날에 재미있는 해석이 붙게 됐다. 즉 두 개의 얼굴 중 하나는 떠나는 해와 또 하나는 새해를 보고 있다는 해석이 따르게 된 것이다.

그럼에도 불구하고 여전히 달력과 계절에는 차이가 나타났으므로 기원 전 45년에 율리우스 케사르(줄리어스 시이저)는 그리스 달력을 채택해서 1년을 365일로 만들었다. 그것이 이른바 율리우스 달력이다. 또한 케사르를 기념하는 뜻에서 그가 태어난 달을 그의 이름(율리우스)에 따라 'July'라고 고쳤다. 또한 로마의 초대 황제 아우구스투스 시대에는 그가 태어난 달인 8월을 가리켜 'August'로 개칭하여, 오늘날 우리가 볼 수 있는 12개월의 명칭이 확정된 것이다.

율리우스 달력은 오랜 세월에 걸쳐 사용되어 왔다. 그후 1582년 로마 법왕(法王) 그레고리 13세가 다시 달력을 고치게 되었다. 즉 율리우스 력(曆)은 실제 1년의 길이보다 0.078일이나 더 길다. 그 값은 비록 적었지만 달력이 만들어진 지 1600년쯤 지나게 되자 점점 불어나서 약 10일간의 차이가 생기게 되었다. 그래서 법왕 그레고리 13세는 1582년 10월 4일의 다음 날을 10월 15일로 개정하고, 앞으로는 그런 폐단을 없애기 위해 윤년을 넣는 방법을 정했다. 즉 서기(西紀)의 연수(年數)가 4로 나뉘어지면 그 해를 윤년으로 하여 366일로 삼기로 했다. 그러나 서기 연수가 100으로 나뉘어지는 해로서 100으로 나눈 상(商)이 다시 4로 나뉘어지지 않는 해는 평년으로 한다. 이러한 치윤법(置閏法)에 의하여 4백 년에 세 번 율리우스 력보다 윤년의 수가 적게 되어 정확한 1년의 길이와 거의 같게 된다. 계산해 보면 그레고리 력은 천 년에 하루 정도 틀리므로 실제와 별 차이가 없다. 그래서 오늘날까지 온 세계가 널리 사용하고 있는 것이다.

불사조와 봉황과 불도마뱀

미개 시대의 인류는 여러 가지 가공적인 신비한 동물들을 생각해냈다. 자연 현상에 대한 무지와 외포(畏怖)에 의한 것이 틀림없으나, 그것은 또한 인간의 상상력이 얼마나 신비하고 위대하며 아름다운 것에 대한 동경심이 얼마나 깊은가를 표현하는 것이기도 하다.

이집트 신화에 의하면 아라비아 사막에는 불사조라고 하는 이상한 새가 산다고 한다. 그 새는 이 세상에 단 한 마리뿐으로서 5백 년 또는 6백 년을 한 주기로 신비하게 재생한다는 것이다. 즉 햇수가 차면 스스로 향나무를 쌓고 태양에 의해서 점화된 불 속에서 타 버려 재가 된 뒤에 다시 새로운 생명을 가지고 태어난다는 것이다.

그런 전설에 의해서 불멸의 천재나 절세의 미녀 등을 불사조라고 부르게 되는 수도 있다. 또한 대화재 등으로 회진

(灰塵)된 도시가 새로 복구되는 것도 불사조에 비유한다. 불사조의 전설은 이집트뿐 아니라 페르시아, 인도 등지에까지 퍼져있다.

'Chinese Phoenix'라고 하면 중국이나 우리 나라 등에 전하는 봉황을 가리키는 말이다. 역시 일종의 상상의 새다. 한(漢)민족에게는 성군(聖君)의 태평성세를 상징하는 상서로운 새라고 한다.

이 새에 관한 기록은 한민족의 각종 문헌에 많이 나타나고 있다. 즉 《사기》·《서전(書傳)》·《논어》 등에 나타나 있다. 이 새는 불의 정기(精氣)로 불에서 화해 나왔다고 하는 것을 보면 어떤 의미로는 이집트 등지의 불사조 전설과 공통성을 지닌 듯하다. 그런데 이 새는 성군이 나타나거나 태평성세에만 원림(苑林)에 모여들어 대나무 열매를 먹으며 오동나무에 깃들인다고 한다. 이 새가 나타나면 모든 새들이 뒤따르게 마련이었고 군왕은 백성에게 선정을 베풀었다고 한다. 또한 이 봉황은 기린·거북·용과 더불어 4령(四靈)으로 섬겨졌다는 것이다.

이번에는 불도마뱀인 'Salamander'에 대해서 살펴보자. 불도마뱀은 페르시아 계통의 전설에 기인하는 존재다. 불 속에 있어도 죽지 않을 뿐더러 오히려 불을 끄는 힘을 가졌다고 한다. 셰익스피어의 희곡 《헨리 4세》며 괴테의 《파우스트》 등에도 그 말이 나온다.

또한 르네상스 시대의 조각가인 베누베누트 첼리니의 《자서전》에는 다음과 같은 흥미로운 얘기가 있다.

그는 어린 시절에 아버지와 벽난로가에 앉아있었는데 별
안간 부친이 자기 따귀를 힘껏 쳤다는 것이다. 너무 아프고
놀라서 울음을 터뜨렸더니 아버지는 난로의 불길을 손짓하
고 있었다지 않는가.

"얘! 저 불도마뱀을 봐라! 거의 볼 수 없는 것이야. 지금
아프다는 것으로써 일생 동안 잊지 않도록 하려무나."

과연 불길 속에는 도마뱀같은 동물이 움직이는 것이 보
였다. 부친은 베누베누트가 아직도 울음을 그치지 않는 것
을 보고 돈을 주며 달랬다.

어린애의 순수한 눈으로 본 것을 환각이었다고만은 말할
수 없을 것이다. 어쩌면 벽난로 가장자리같은 데 붙어 있던
도마뱀이 불을 지피자 움직였을 것이다. 파충류의 경우에는
비교적 열을 오래 견디기 때문에 불 속에서도 잠시 살아서
꿈틀거렸을 것이라고 말하는 사람도 있다. 아니 또 어쩌면
불꽃이 기묘하게도 도마뱀같은 모습으로 얼룩거렸을지도
모른다. 물론 현대 과학으로서는 불사조나 봉황·불도마뱀
의 존재를 긍정하지 못하고 있다.

아틀란티스

플라톤의 ≪대화편≫인 '티마이오스' '크리티아스' 등에
의하면 이집트의 신관(神官)이 아테네의 현인 솔론에게 말
했다는 식으로 해서, 헤라클레스의 기둥(지브로울터) 바깥
쪽 큰 바다 즉 대서양에 아틀란티스라고 하는 큰 섬이 있다

고 되어 있다.

아틀란티스라고 하는 것은 지구를 버티고 있었다는 전설의 거인(巨人) 아틀라스의 섬을 뜻한다. 섬에는 초목이 울창하며 금은 보배가 그득하고, 인구도 많을 뿐 아니라 임금과 제후들은 호사스런 생활을 했다고 하는 일종의 지상 낙원이었다.

그 섬의 왕은 플라톤 시대보다 9천 년쯤 전 옛날에 지중해 정복을 꾀했으나 그리스에게 패배했다. 그래서 그후 섬 사람들이 신을 섬기지 않았기 때문에 신의 노여움을 사서 하룻밤 사이에 섬 전체가 바다 속으로 가라앉고 말았다는 것이다. 그 뒤로부터 아틀란티스를 '잃어버린 대륙'이라고 부르기도 했다고 한다.

아틀란티스가 과연 실재했느냐 그 여부에 대해서는 두 가지 설이 있다. 하나는 단지 전설에 지나지 않는다고 하는 것이 통설이다. 그러나 실재했다고 주장하는 사람들도 있는데, 그 대륙이란 아프리카 북서쪽 대서양에 있는 카나리아 제도(諸島)를 중심으로 펼쳐져 있었다는 설이다.

과연 어떤 학설이 옳은 것인지, 또한 그것이 가려질 날이 있을지도 모르겠으나 거대한 대륙이 일순에 창해(滄海) 속으로 가라앉았다는 설은 흥미롭다고도 하겠다.

II 중 세

　서로마의 몰락으로부터 르네상스(Renaissance：문예부
흥＝본래는 프랑스 말로서 '재생'이란 뜻이며, 19세기 작가
들에 의해서 유행된 말이다. 좀더 구체적으로 말하면 '학문
이 일단 사멸하였다가 다시 소생했다'는 것을 암시한다.)
때까지 거의 1천 년간을 중세로 보겠다. 그 당시로 말하면
사회제도는 전형적인 봉건제였다. 정신적으로는 기독교(로
마 법왕을 정점으로 하는 카톨릭)가 고대의 이교주의를 압
도하고 군림하고 있었으며 천국과 지옥을 굳게 믿을 때였
다.

　그러므로 그 시기가 극히 경건하고 질서있었다고 할 수
도 있겠으나 동시에 사회적·문화적 정체성을 자아낸 암흑
시대라고 부르는 학자들도 있다. 그러나 일부 최근의 학자
들은, 중세는 결코 암흑의 시대가 아니라 오히려 중세적 문
명이 그 후기의 문명에 대한 기초를 이룬 시기였다고 주장
하기도 한다. 여하간 중세는 서유럽 각 민족이 각기 자기들
나름대로의 특이한 전설과 설화, 서사시 또는 신앙에 얽힌
얘기 등을 낳았다. 흥미진진할 뿐 아니라 때로는 소박하기

도 하고 또 빼놓을 수 없는 갖가지 고사 일화들을 현대에까지 전해주고 있다. 그중 중요한 것들을 본장(本章)에 수록하며, 편의상 마호메트 등 아라비아의 것도 함께 취급하기로 한다.

원탁의 기사

국제적인 대회의들은 흔히 원탁회의라고 한다. 글자 그대로 커다란 둥근 탁자를 둘러싸고 하는 토의다. 회의 운영상에 있어서 공평성과 친밀감을 자아내게 한다고 볼 수 있다. 그런데 '원탁의 기사'라는 어원은 중세 영국의 아더 왕 전설에 의한 것이다.

'아더 왕 일화'로 치는 일단의 전설들은 12,3세기경까지 유럽 각지에 널리 퍼졌고, 그후에도 수많은 문인들이 그 소재를 택해서 작품을 엮었다. 그 중에서도 유명한 것은 15세기에 마롤 리가 엮어 모았던 《아더 왕의 죽음》과 19세기에 테니슨이 지은 《국왕 노래집》이다.

아더 왕은 한창 기사도가 꽃피었던 6세기경 색슨 침입 시대에 존재했던 인물인 듯하다. 아더 왕은 영국뿐 아니라 스칸디나비아와 프랑스를 정복했고, 로마 군도 무찔렀다는 전설이 있다. 아더 왕에게는 매우 뛰어난 기사들이 기라성처럼 모여있었다고 한다. 왕은 그들을 공평하게 대우했으며, 그러기 위해 그들에게 상하 구별이나 권력 다툼이 생기지 않도록 대리석의 둥근 탁자를 만들어 빙 둘러앉게 했다는 것이다. 원탁에 앉을 수 있다는 것은 최고의 명예였으며, 기사들은 그 자리에서 각종 문제를 공정하게 토의했다고 한다. 이것이야말로 중세적인 봉건제 왕실의 궁정이라기보다는 근대적인 의회와도 같은 성질을 띠었다고도 보겠다.

그리하여 왕은 명성과 명예의 정상을 누리기는 했으나 그 황금시대는 오래 가지 못했다. 그 이유는 왕비인 기네비아의 부정(不貞)과 늙은 모드렛드의 배신에 의해 원탁의 기사단이 무너져 버렸기 때문이다. 아더 왕은 모드렛드와 결투해서 중상을 입었으나 선녀의 도움을 받아 지상낙원인 아바론에 은퇴해서 그곳에서 조용히 여생을 보냈다는 것이다.

그것이 이른바 아더 왕에 관한 정전(正傳)이며, 그 밖에도 왕과 기사들에 얽힌 숱한 얘기가 전한다. 그 중에는 용감한 기사 서 랜스롯트와 기네비아 왕비의 연정, 트리스탄과 두 사람의 이졸데의 애화(哀話) 등이 유명하다.

그것을 소재로 한 것으로 독일의 낭만주의 최대 작곡가로 알려진 리하르트 바그너의 가극 《트리스탄과 이졸데》가 널리 알려져 있다. 또한 프랑스의 시인이자 소설가이며 영화 감독이었던 장 콕토도 현대적으로 번안해서 영화화한 바 있다.

그대가 태우고자 하는 것을 우러르고, 그대가
우러르고자 하는 것을 태우라

프랑스의 사교(司敎)인 그레고와르 드 토울(538~594)

의 《프랑스사(史)》가 있다. 그 책에는 프랑스 왕이었던 크로비스(481~511)가 기독교로 개종한 삽화 속에서 표제와 같은 말이 나온다. 이 말 뜻은 '종교적 및 기타 여하한 문제일지라도 종래의 견해를 버리고 새로운 의견을 채택하라'고 의미할 때 쓰인다.

크로비스는 496년에 토르비앗크에서 아르만 인(게르만 민족의 한 부족)들과 싸웠으나 패전에 직면했다. 그러자 그는 기독교도였던 아내 크로치르드에게 간청했다. 즉 신에게 승리를 기원해 주어서 승전하게 된다면 왕 자신도 기독교로 개종하겠다고 한 것이다. 그 덕분에 왕은 승전해서 아르만 인을 완전히 타도하고 갈리아 전토의 왕이 되었다. 그리고는 아내 크로치르드와의 약속을 이행하려고 했다.

그러자 아내는 즉각 사교인 성(聖) 루미를 불러 왕을 위해 구원의 말을 해달라고 요청했다. 왕 자신도 성 루미에게, "성스러운 아버지여, 기꺼이 말씀을 따르겠나이다"고 했다.

사교는 너무 기뻐서 곧 성대한 세례식을 거행키로 했다. 거리에는 축제와 같은 인파 속에 찬미가와 환호성이 터졌고 십자가와 4복음서를 앞세운 왕의 행렬이 지나갔다. 사교는 왕의 손을 잡고 궁전에서 교회에 이르자 세례장으로 안내하였다.

그곳의 장엄하고 화려한 정경에 도취한 크로비스 왕은 놀라서 소리쳤다.

"성자이시여, 여기가 약속하신 바로 그 신의 왕국이 아니

읍니까?"

"아니오, 여기는 신의 왕국이 아니라 신의 왕국에 이르는 길이요."

사교는 이렇게 대답하고 왕을 지하의 세례장으로 안내했다. 그 당시의 종교적 관습으로는 세례를 지망하면 누구든지 벌거벗고 물 속에 들어가야 했다. 왕도 벌거벗고 물 속에 들어가 세례를 받게 되었다. 그때 성 루미는 다음과 같은 유명한 말로써 왕을 훈계한 것이다.

"마음을 부드러이 가지라. 거드름을 떨지 말고 고개를 숙이라. 그리고 그대가 태우고자 하는 것을 우러르고, 그대가 우러르고자 하는 것을 태우라!"

크로비스는, 프랑크 왕국의 조상이라고도 말할 수 있는 갈리아 땅에 침입해서 살던 로마 인·아르만 인·부르군드 인·비지고트 인들을 차례로 무찔렀고, 또한 프랑크의 제후를 정복하여 갈리아 전토를 장악하였다. 그러므로 크로비스의 기독교 개종이야말로 그 자체만으로서도 기독교 포교에 큰 공헌을 한 것이다.

비프(beef)의 유래

영어로 황소는 옥스(ox), 암소는 카우(cow)이나 쇠고기는 통틀어서 비프(beef)로 부른다. 소뿐이 아니라 돼지(pig, swine)의 고기는 포크(pork)라 하고, 양(sheep)의 고기는 머튼(mutton)이라고 한다. 송아지인 카프(calf)의 고기는 비일(veal)이다.

이상과 같이 고기의 명칭은 모두 다 프랑스 어에서 왔다. 왜냐하면 북방에서 온 민족(노르만)이 프랑스 북부(지금의 노르망디 지방)를 정복해서 프랑스화한 뒤에 영국으로 건너가서 토착의 색슨 인을 정복한 이른바 노르만 정복(1066년)을 기점으로 하고 있기 때문이다.

즉 노르만 왕조 확립 이후, 프랑스 인은 지배자로서 상류 계급이 되었고, 색슨 인은 그 밑에서 가축을 치는 따위의 일을 했다. 그러므로 그들이 가축을 치던 현장에서는 가축을 색슨 어(영어의 모체)로 불렀으나, 가축의 고기를 상전인 노르만 인들의 식탁에 올릴 때는 자연히 프랑스 어를 썼다.

스코트의 기사도 소설인 ≪아이반호우≫ 속에 나오는 색슨 인 하인의 입을 통해 다음과 같이 말하는 대목이 있다.

"그런데 포크라지만 그건 멋진 프랑스 말이야. 즉 짐승들이란 살아 있어서 색슨의 하인들이 기를 때는 색슨의 이름으로 불리지만, 성안의 큰방의 어른들에게 바쳐질 때는 노르만 말로 포크라고 불린다는 말이야."

이상은 통설이긴 하지만 덴마크 언어학자 오토 에스페르센은 지적하기를, "그러한 정치적 원인뿐이 아니라 그 당시 프랑스의 요리법이 매우 뛰어났기 때문에 요리 용어들이 프랑스 어로 쓰이게 되었다"는 것이다.

또한 그는 직업상에 있어서 색슨 어와 프랑스 어의 사용 경위의 차이점에 대해서도 지적하고 있다.

즉, 백정(butcher)·석공(mason)·목수(carpenter)·땜

장이(joiner) 등은 프랑스 어에서 온 것이나, 대장장이(smith)·방앗간(miller)·빵집(baker)·구두장이(shoemaker) 등 서민 상대의 직업은 색슨 어라고 한다. 여기에도 노르만 인과 색슨 인의 환경과 문화의 차이점이 반영되고 있다 하겠다.

카놋사의 굴욕

중세 봉건사회의 확립과 병행해서 기독교는 서구 일대를 교화시켰으며, 로마 카톨릭 교회의 권위는 정신적인 데서부터 세속적인 데까지 미치게 되었다. 그뿐 아니라 교회의 부패는 승직 매매 등을 공공연히 자행하기에 이르렀다. 그런 까닭에 속인에 의한 승직 서임(敍任) 문제는 교회 조직 자체와 연관되어 법왕의 권위를 위협하기에 이르렀다.

이를테면 독일과 이탈리아에서는 국왕이 사교(司敎)를 임면(任免)했으며, 프랑스에서는 제후들이 대부분의 사교직을 장악하고 있었다. 그뿐이 아니다. 오토 대제 이후에는 법왕의 지위 그 자체조차 황제에 의해 좌우되었다. 황제 하인리히 3세 때에는 수명의 독일인 법왕을 옹립했을 정도였다.

그러한 교회의 부패 속화(俗化)에 대한 비판은 교회 내부에서 일찍부터 있었으나, 11세기가 되자 프랑스의 클류니 수도원을 시발로 해서 일단의 베네딕토(Benedicto) 파 수도원에 의해서 교회의 개혁 운동이 적극적으로 시작되었다. 클류니 수도원 출신의 추기경인 힐데브란트(1020~8

5)는 그 운동에 앞장섰으며, 1073년에 알렉산더 2세의 뒤를 이어 법왕이 되었다. 그가 바로 그레고리오 7세로서, 그는 속인들에 의한 승직 서임을 금지시키는 등 교황권의 불가침성을 주장한 열렬한 투사로서 너무도 유명하다. 그는 법권(法權)의 확립과 교회의 정화를 위해 노력했던 것이다. 그와 같은 그레고리오 7세의 단호한 조치는 이윽고 황제 하인리히 4세와 심각한 충돌을 불러 일으켰다.

1076년 하인리히 4세는 사순제 종교회의에 다음과 같은 내용의 서한을 보냈다.

'참칭자(僭稱者)로서가 아니라 신의 은혜로운 임명을 받아 황제가 된 하인리히 4세로부터, 이미 법왕으로서가 아닌 단지 못된 수도사에 지나지 않는 힐데브란트에게 보내노라' 그리고 '그레고리오는 법왕이 아니라 한 마리의 굶주린 늑대에 지나지 않으므로'라는 이유로 새 법왕의 선거를 독촉하였다. 물론 그와 같은 서한을 받은 그레고리오 7세가 가만히 있을 리 없었다. 그는 감연히 일어서서 하인리히 4세의 파문을 선고하였다.

'사도 중에 으뜸이신 성 베드로시여―나는 당신의 은총을 입어 천상에서 뿐만 아니라 지상에 있어서도 속박과 해방의 권능을 부여받았나이다. 그러므로 나는 당신의 교회의 영광과 옹호를 위하여, 당신의 교회에 대해 제멋대로 오만을 부리며 반항한 하인리히에 대해, 독일 및 이탈리아의 전지배권을 부인하나이다. 또한 나는 모든 기독교인들을 그에 대한 복종의 서약에서 해방시키며, 또한 누구도 그를 국왕으로 섬기지 못할 것임을 명령하노라. 필경, 교회의 영광을 모독하려는 자는 그가 지녔던 명예를 잃어버리는 것이 당연하노라.'

이러한 선고의 결과는 매우 컸으니 단지 교회뿐이 아니라 제후며 신하들에 이르기까지 모두 한결같이 황제에게 등을 돌려 댄 것이었다. 하인리히도 마침내 굴복하고야 말았다. 그는 카놋사(Canossa)의 토스카나 백(伯)의 거성(居城)에 체재 중인 교황 그레고리오 7세를 방문하고 사면을 호소했다. 그때 황제는 눈 속에서 사흘간이나 농성했고, 마침내 파문을 사면받았다는 것이다. 그것이 1077년 북부 이탈리아의 카놋사에서 빚어진 이른바 '카놋사의 굴욕'이라는 유명한 사건이다.

그 결과 교회는 권위를 지니고 속계의 최고 권력을 장악하게 되었다. 그러나 뒷날 제권(帝權)을 강화한 하인리히 4세는 그레고리오 7세를 공격하고 클레멘스 3세를 새로운 교황으로 선출했으며, 1084년 신성로마제국 황제의 제관(祭官)을 받았다. 한편 쫓겨난 그레고리오 7세는 로마로 갔다가 그곳 살레르노에서 1085년에 죽었다.

고다이바 부인

중세 영국의 봉건 영주였던 마시아 백(伯) 레오프릿크는 자기가 영유하는 고벤트리의 거리에 비싼 세금을 부과시키려 했다. 아내인 고다이바 부인(1040~1080)은 신앙이

두텁고 어진 여성이어서 남편에게 그래서는 안 된다고 권유했다. 그러자 남편은 반쯤 장난삼아,

 "만약 당신이 백주에 벌거벗고 거리를 한 바퀴 돈다면 내가 그네들 세금을 받아들이지 않겠소"
하고 대답했다. 그런데 놀랍게도 부인은 그렇게 하겠다는 것이다. 부인은 거리 사람들에게 밖으로 나오지 말라고 하고는 남편의 말처럼 벌거벗고 거리에 나선 것이다.

 사람들은 그런 희생적인 덕망 높은 부인에게 경의를 표하여서 누구 하나 거리를 내다보지 않았다. 그런데 단지 호기심 많은 양복공인 톰이라는 자가 안쪽에서 부인의 모습을 몰래 보려고 했다. 그러나 그자는 목적을 이루기 전에 이상스럽게도 그 자리에서 장님이 되어버리고 말았다.

 이 일화는 《고벤트리 연대기》에 실려 있다. 그 고장에서는 오늘날에는 고다이바 부인의 덕을 받들어 제일을 정하고 기념 행사를 하고 있다 한다.

 근대 영국의 대시인이었던 테니슨도 그 일화를 소재로 하여 시를 읊었다. 그래서 '엿보는 톰' 하면 부질없이 사소한 일까지 간섭하는 인간을 비유하는 뜻으로 통하고 있다.

 실상 '엿보는 톰'이야말로 남자답지 못한 비열한 인간형의 실증이라고도 하겠다. 한편으로 고다이바 부인의 행위는 실로 참다운 인간애와 자기 희생에 넘치는 숭고한 정신의 발휘였다고 본다.

 수치심이라는 것을 초월할 수 있는 그런 자세는 범인으로서는 도저히 상상할 수 없는 미덕이요, 신념의 결정이라

고 하겠다.

카레의 시민

근대 프랑스 조각가로 이름 높은 로댕의 대표작 중에서 '카레의 시민'을 빼놓을 수 없다.

중세 프랑스 역사는 영국과 너무도 밀접한 관계를 갖고 있다. 영국의 경우는 11세기 중엽에 프랑스 노르망디 지방에서 침입한 노르만 인에 의해서 노르만 왕조가 세워졌고, 그것으로써 중앙 집권적인 왕제(王制)가 이루어졌던 것이다. 그후 영국 왕은 프랑스 서부에 대한 지배권을 장악함으로써 프랑스 왕과의 사이에는 끊임없는 세력 다툼이 계속되었다.

프랑스 왕은 프랑스 북부의 플랑드르의 정치에 자주 개입했다. 그런가 하면 영국도 또한 그 고장에서 번창하던 모직물 공업 때문에 그곳에다 양모를 수출하던 관계로 그 고장에 대해 큰 관심을 보였고, 또한 그곳에 프랑스 왕의 세력이 미치는 것을 달갑게 여기지 않았다.

프랑스의 카페 왕조가 무너지고 바로아 왕조가 뒤를 잇자, 영국 왕 에드워드 3세는 모친이 카페 가문 출신인 것을 기화로 왕위 계승권을 주장했다. 마침내, 플랑드르의 내란을 계기로 영불 두 나라 사이에는 전쟁이 일어났다. 그것이 이른바 백년 전쟁(1337~1453)이다.

전쟁의 전반기는 영국 황태자 에드워드의 활약 등으로

영국이 전면적으로 우세했다. 그러나 프랑스 쪽에는 '오를리앙의 소녀' 쟌다르크가 나타났다. 즉 '오를리앙에 이르러 나라를 구하라'는 신의 계시를 받았다는 이 소녀는 프랑스 왕 샤를르 7세를 배알하고 군대를 이끌고 출정하여 전세를 역전시켰던 것이다. 이윽고 영국군은 플랑드르 지방의 중심지였던 카레 시를 제외하고는 프랑스 내의 모든 영토를 잃은 채 전쟁이 끝났다. 그와 같은 카레 시는 1347년에 영국 왕 에드워드 3세의 군대에 포위되어 시민들이 용감하게 대항했으나 항복하지 않을 수 없었다. 그때에 한 감동적인 일화가 있다.

영국 왕은 카레 시에 대한 특이한 적의를 품고 있었다. 카레 시는 고래로 해적 행위의 근거지로서 영국 상선이 자주 약탈을 당해왔기 때문이다. 그래서 영국 왕은 항복 조건으로 매우 가혹한 것을 제시했다. 즉 거리의 유력한 인사 여섯 명이 머리를 삭발하고 목은 밧줄로 묶고 거리의 모든 열쇠를 가진 채 맨발로 영국 왕 앞에 출두하라는 것이었다. 영국 왕이 예상한 것과 반대로 카레 시민들은 그 조건을 받아들였다.

여섯 명의 시민은 자기들이 희생됨으로써 동포를 살육으로부터 구출하겠다고 나선 것이다. 그 중에서도 지도적인 역할을 한 이는 우스타슈 드 상 피에르였다. 그는 일행의 선두에 선 채 감연히 적진을 향했다.

영국 왕은 그 여섯 명을 처형할 셈이었다. 그러나 그 소문을 들은 왕비 필리파의 간청에 의해서 그들은 목숨을 건졌다.

이런 감동적인 일화는 프랑스의 옛 기록문인 ≪프로아자르 연대기≫에 실려 있어서 충분히 사실에 의한 것으로 여겨진다.

더구나 도버 해협을 마주보는 고벤트리 거리에 '고다이바 부인'의 전설이 있다는 것을 상기할 때 거기에는 무언가 일맥상통하는 것이 있지 않나 하는 느낌조차 든다.

가터 훈장

전항(前項)에서 언급한 영국 왕 에드워드 3세는 '백년 전쟁'을 일으킨 장본인이라서 역사상 그다지 좋은 평가를 받지 못하지만, 그에게는 다음과 같은 일화가 따르기도 한다.

어떤 무도회에서 에드워드 왕은 솔즈베리 백작 부인과 함께 춤을 추었다. 춤이 한창 절정에 접어들었을 때였다. 그 부인의 양말 대님, 즉 가터(garter)가 마룻바닥에 떨어졌다. 그러나 왕은 그 가터를 집더니 얼른 자기 다리에다 꿰고는 주위의 사람들에게 이렇게 말했다.

"이것을 악의로 해석하는 자는 수치를 느낄지어다(Honi soit qui mal y pense)."

기사도 정신, 궁정의 우아함, 왕의 권위 등이 한데 뭉친 그런 얘기라고 하겠다. 그런데 그와 같은 일화가 바로 영국의 최고 훈장인 가터 훈장(The Garter)이 생긴 유래이며, 그 훈장에는 예시한 왕의 말이 금자(金字)로 새겨져 있다.

　가터 훈장은 영국의 왕족, 최고의 귀족, 영국과 친교를 맺는 국가 원수 등에게 수여되며, 일반 국민으로서 그것을 받을 수 있는 사람은 25명에 한정되어 있다. 본래 훈장이라는 것은 물질적인 이익이 되는 것은 아니며 단지 명예를 나타낼 뿐이다. 여하간 그런 의미에 있어서도 그렇고 가터 훈장은 훈장 중의 훈장이라고 하겠다.

　영국에서 이 훈장을 받은 사람은 가터 훈작사(勳爵士, Knight of the Garter)라는 명예로운 칭호를 받으며, 자기 이름을 서명할 때 'K·G'라는 것을 표시하는 영예를 누린다. 그리고 이 훈장은 푸른 리본에 달려있다. 그래서 각종 상에 있어서 블루리본상이라는 것도 실상은 가터 훈장의 리본에서 연유하는 것이기도 하다.

빌헬름텔의 사과

　14세기초에 스위스는 오스트리아의 지배하에 있었다. 중앙 집권적인 대국의 강압 정치와, 또한 조그만 속령(屬領)으로서 지배에 대한 저항이라고 하는 전형적인 관계였다. 더구나 총독인 게슬러의 횡포는 극심해서 이윽고 민중들은 학대를 못이겨 폭동을 일으켰다. 그러자 게슬러는 그 고장 장로를 처형했고 더욱이 오스트리아 공(公)의 모자를 책상 위에 얹어놓고 지나가는 사람들에게 경례를 하라고 명했다.

　그곳에 나타난 자가 스위스의 시골 사람으로 활에 뛰어난 궁인(弓人)인 빌헬름텔이었다. 그는 여섯 살 된 아들을 데리고 왔으나 모자에다 경례를 하지 않았다. 그런 불경죄로 관헌은 빌헬름텔을 끌고 게슬러 앞으로 갔다. 더구나 텔은 이미 게슬러로부터 요주의 인물로 취급되어 온 터였다. 게슬러는 잔인하게도 텔에게 텔의 아들의 머리 위에 사과를 얹어놓고 그것을 쏘아서 떨어뜨리라고 하였다.

게슬러의 속셈이란 어린 자식을 텔로 하여금 제 손으로 사살하게 하려는 흉악한 것이었다. 그러나 텔은 명인다운 활솜씨로 사과만을 떨어뜨렸다. 그런데 그때 텔의 겨드랑 밑에서 두 개의 화살이 떨어졌다. 게슬러가 그것을 추궁하자 텔은 태연자약하게 말했다.

"만약 사과를 떨어뜨리지 못했다면 두 개의 화살로 당신을 쏘아 죽일 작정이었소."

게슬러는 당장 텔을 결박지었다. 그리고는 배에 태워 루체른 호반의 성으로 보내서 죽이려고 했다. 그러나 호상에서 갑자기 폭풍이 일어났다. 게슬러는 크게 놀라서 당황했다. 무사히 배가 호반에 닿았을 때 텔은 땅 위로 뛰어내려서는 활로 게슬러를 사살해 버렸다. 그것이 봉화가 되어 스위스는 오스트리아로부터 독립을 쟁취하기에 이르렀다.

이 전설같은 일화는 자주 예술 작품으로 묘사되었다. 그 중에서도 독일의 시인이며 극작가인 실러(1759~1805)에 의해 유명한 희곡 《빌헬름텔》(1804년)이 나왔고, 또한 이탈리아의 작곡가 로시니(1792~1868)의 동명(同名)의 가극은 너무도 잘 알려져 있다.

여하간 텔이 자식의 머리 위에 얹어 쏘아 떨어뜨렸던 사과는 단순한 활의 표적이었다기보다는 이미 하나의 위대한 상징이었다고 하겠다. 즉 근대적인 해석을 빌리자면 그 사과는 스위스의 자유와 독립이었으며, 텔은 그것을 쟁취하기 위해서 자기 자식의 생명조차 내걸어야만 했던 것이다. 또한 그 아이도 단순히 텔의 자식이라기보다는 스위스의 다음 세대를 잇는 한 상징이었다고 하겠다.

서양과 사과에는 역사적인 연관성이 있는 듯하다. 아니 유럽은 네 개의 사과에 의해서 유럽 문화를 형성했다고도 하겠다. 즉, 최초의 사과는 아담과 이브가 여호와 하나님의 뜻을 거역하고 따먹었기 때문에 낙원에서 추방당한 금단의 열매라 하겠다. 두번째로는 세 여신이 불화를 빚어 트로이 전쟁을 유발한 황금의 사과가 있다. 또한 뉴턴이 만유인력을 깨닫게 된 사과와 빌헬름텔의 사과를 들 수 있다.

하긴 좀 무리한 감이 없지는 않으나 묘하게도 그 네 개의 사과들은 이런 귀결을 가져온다. 최초의 사과는 헤브라이즘(기독교), 두번째 사과는 헬레니즘(르네상스), 세번째 사과는 근대 과학, 그리고 네번째의 사과는 근대정치 사상을 의미한다고 할 수 있다. 그러면 어김없이 유럽의 문화는 그런 역사의 발자취를 밟아왔다고 보여지는 것이다.

일곱 가지의 큰 죄

일곱 가지의 큰 죄는 일찍이 중세 카톨릭 교회에 의해서 규정된 것으로서, 이런 죄를 범하면 지옥의 나락으로 떨어진다고 했다. 그 내용에 있어서는 다소 차이가 있으나 자만(pride)·탐욕(covetousness)·음란(lust)·노기(anger)·탐식(貪食,gluttony)·질투(envy)·나태(sloth) 등을 들기도 하고, 노기·자만·부정(unchastity)·허영(vainglory)·탐식·질투·강욕(avarice)을 들기도 한다.

여하간 이러한 악덕은 기독교 세계에서 뿐만 아니라 그 어느 곳에서도 배제되어야 할 처사다. 그러나 단지 문제가 된다면 이러한 형식상의 규범을 정해 놓고 살아있는 인간의 행위를 억제코자 한 것의 가부 여하다. 왜냐하면 이런 규범에 의해서 매사가 순조롭게 해결되었다면 수천 년의 역사를 통해서 인류가 반복해 온 것과 같은 무수한 희비극은 수월하게 피할 수 있었을 것이기 때문이다.

장갑을 던진다

ㅇ중세기에는 귀족들 사이에 불화가 생겨 무기로써 시비를 가리게 되었을 때, 증인으로 뽑은 사람 앞에서 도전의 표시로 장갑을 던졌다. 상대가 도전을 받아들일 때는 그 표시로서 던진 장갑을 집어들었다. 그래서 곧 결투가 시작되고 이긴 자가 정당하다고 인정했다. 만약 국왕들 사이에 불화가 생겼을 때는 군사(軍使)가 국왕의 장갑을 가지고 상대국에 가서 그 나라 국왕 앞에 장갑을 던졌다. 그것이 선전포고였다.

그러므로 '장갑을 줍는다'는 것은 결투 신청을 승낙한다는 의미가 되는 셈이다.

　또한 '손수건을 던진다'고 하는 서양의 관습도 있었다. 즉 자기 마음에 드는 여자의 발밑에다 손수건을 던져 그 여자가 손수건을 집는다면 승낙을 뜻하는 것이 된다.

　1717년, 프랑스의 비루도와 원수가 폭동 진압 때문에 리용에 파견된 일이 있었다. 그는 임무를 마친 뒤에 그곳에서 한가롭게 노닐고 있었다. 리용의 여자들은 원수의 환심을 사려고 저마다 앞을 다퉈 교태를 부릴 즈음, 파리에 있는 어떤 귀부인이 한 여자를 통하여 이런 편지를 전해왔다.

　'원수께서는 어떤 부인에게 손수건을 던지셨는지 그것을 알려주십시오.'

숫지빠귀와 암지빠귀

　이 말은 주기적으로 그것도 대수롭지 않은 똑같은 것을 가지고 늘 싸우는 것을 일컫는다.

　라루우스의 '19세기 사전'을 보면 이 말의 유래는 옛날 우화시대로 거슬러 올라가게 된다. 한 농부가 수호의 성자의 축제 때문에 개똥지빠귀를 대여섯 마리 그물을 쳐서 잡아 가지고 집에 돌아와, 아내에게 이렇게 말했다.

　"이봐요, 카트리느. 숫지빠귀를 잡아 왔으니까 오늘 저녁 반찬으로 요리를 만들구려."

　그러자 아내는 그 새 한 마리를 보더니,

　"어머, 이게 숫지빠귀라구요? 당신은 정말 아무것도 모르네요. 이건 암지빠귀에요."

이렇게 우겼다. 그래서 언쟁은 시작되었다.

"아냐, 이건 틀림없이 숫지빠귀란 말이야."

"암지빠귀예요, 프랑소와. 이건 틀림없이 암지빠귀예요."

"아냐! 숫지빠귀야, 틀림없어. 등이 근질근질하거든 우겨대란 말이야. 숫지빠귀니까, 숫지빠귀라고 당장 그러란 말이야."

"아녜요, 프랑소와. 당신이 암만 무서운 눈으로 노려봐도 나한텐 소용없어요. 이건 틀림없이 암지빠귀니까 난 암지빠귀라고 하는 거예요. 취소하지 않겠어요."

이윽고 고집 센 남편은 화가 치밀어서 큰 몽둥이를 들고 와서 자기 아내를 때렸다. 그러나 아무리 얻어맞아도 아내는 버럭버럭 소리쳤다.

"암지빠귀예요, 암지빠귀!"

몽둥이가 부러지도록 매질을 했으나 소용없었다. 이윽고 싸움은 끝났다. 그러나 어느새 다시 1년이 지나서 수호 성자의 축제가 다시 돌아왔다. 아내는 또다시, 작년의 지빠귀가 암컷이라고 말했다.

"아냐, 수컷이야!"

"아녜요, 틀림없이 암컷이에요!"

다시 입씨름이 벌어졌고, 남편의 몽둥이질이 시작되었다. 이렇게 그들 부부는 17년간을 해마다 축제 때가 되면 그 개똥지빠귀의 자웅을 가지고 다투다가 끝장이 났다. 왜냐하면 남편이 17년만에 천당으로 갔기 때문이다.

이렇듯 사소하고 보잘것 없는 것을 가지고 왕왕 다투는

경우가 우리네 일상생활 속에도 없지 않을 것이라고 본다.

좋은 술에는 간판이 필요없다

프랑스의 속담을 살펴보면 '외귀의 술'과 '양귀의 술'이라는 묘한 것이 있다. 그 해설을 살피면 그럴싸하다. 즉, 좋은 술은 머리를 한귀쪽으로 기울이면서 "음, 좋은 술이로군!" 하지만 나쁜 술이면 "좋지 않군 그래!"하고 두귀쪽으로 번갈아 고개를 젓게 마련이기 때문이다. 여하간 이건 프랑스 사람들의 제스처가 그렇다는 것이다.

그런데 '암산양(山羊)을 춤추게 하는 술'이라는 속담이 있다. 그 고사의 내력을 살펴본다.

현재는 술을 저장하거나 운반하는 데 통을 쓰지만 서양에서는 예전에 가죽 자루에, 즉 암산양의 가죽으로 만든 자루에 담았다. 그래서 성서에도 '새 술은 새 부대에' 등의 가죽 자루라는 표현이 나타나게 되었다.

그러나 프랑스에서는 세월이 흐름에 따라서 가죽 자루를 쓰는 것이 사치스럽게 여겨져 그것을 금지시키고, 나무통에다 쇠테를 두른 술통을 쓰도록 포고한 바 있다. 여하간에 차츰 상류 계급에서만 돈이 많이 드는 가죽 자루를 사용하는 특권을 누렸던 모양이다.

1328년에 프랑스 왕이 된 필립드바로아가 스코틀랜드, 마조르카, 보히미아 및 나발 등의 왕을 불러서 베푼 연회에는 가죽 자루에 든 각 명산지의 술들이 왕자들에 의해 운반

되어 왔음을 보여준다. 그러므로 가죽 자루에 든 술이란 곧 양주(良酒)에 한하는 것을 알 수 있다. 말하자면 양주란 암산양들의 목숨을 앗아가는 결과를 가져온 셈이다.

그와 반대로 나쁜 술, 특히 보잘것 없는 포도주 따위는 각지에서 얼마든지 생산되므로 멀리 운반할 필요도 없고, 통 속에 담은 채 그 고장에서 소비될 따름이었다. 그런 까닭에 나쁜 술이란 암산양의 목숨을 앗아갈 이유가 없는 것이므로 '암산양을 춤추게 하는 술'이란 곧 나쁜 술을 뜻한다. 덕분에 암산양들은 기뻐서 춤이라도 출 노릇이다.

여기서 술에 대한 서양 속담을 들어 본다.

'좋은 술에는 간판이 필요없다.'

굳이 설명이 필요없다고 하겠다. 그런데 예로부터 라틴계 민족은 술집 간판으로 삼판(杉板)을 썼다고 한다.

'술에다 물을 섞는다.'

고대인의 술은 매우 독해서 불이 활활 붙을 정도였다고 한다. 그래서 물을 섞으라고 했던 모양이다. 그것은 오늘날 물을 섞는 따위의 가짜 술을 만들라는 뜻은 아니다.

그런데 이 속담에는 정신적인 내용도 포함된다. 즉 불끈 끓어오르는 감정을 억제한다는지, 격렬한 결심을 부드럽게 하라는 의미다.

연 금 술

연금술이란 모든 금속을 금으로 만들고자 하던 원시적인

화학 기술이다. 중세기에 유럽 각지에서 성했으며 금뿐 아니라 불로장수약 또는 만병통치약을 만들겠다는 인간의 본능적인 꿈이었다고 하겠다.

기원은 확실치 않으나 고대 이집트에서는 3,4세기경부터 연금술이 발생했고, 그것이 시리아를 거쳐서 6세기경에는 아라비아에 전해졌다. 아랍 인이 11세기경에 스페인을 점령함과 동시에 유럽에까지 전해졌다. 연금술은 18세기에 이르러 근세 화학의 기초가 확립될 때까지 장구한 세월을 인간의 부단한 꿈으로 이어져왔다.

연금술이 가장 왕성했던 중세에 있어서는 연금술이라고 하면 과학자라기보다는 마술사에 가까운 존재였다. 그들은 어두컴컴한 지하실이나 다락방에 틀어박혀서 기묘한 실험에 골몰했던 것이다. 여하간 가장 중요한 것은 연금석(鍊金石)을 발견하는 일이었다. 그것은 오늘의 화학 용어로 말하면 촉매에 해당하는 것이었다. 그 분말을 소량 사용하면 모든 금속을 금으로 변화시킬 수 있다고 믿었다. 연금석은 그 불가사의한 작용 때문에 불로 장수의 약으로도 여겨졌다.

그것을 발견하기 위한 연금술사들의 부단한 노력을 우리는 웃어넘길 수만은 없는 노릇이다. 왜냐하면 우리가 터무니없는 노릇이라고 여기는 그들의 몸부림에서 마침내 오늘날의 화학의 기초가 닦여졌으니 말이다.

유명한 연금술사의 한 사람으로 파우스트 박사를 들 수 있다. 1480년경에 독일의 유르텐베르크에서 태어나 1540년경에 사망했다고 알려진다. 그는 의학과 연금술을 배워 악마와 통해서 이상한 짓을 하는 마술사로서 사람들에게 두려움의 대상이었다. 이른바 파우스트 전설의 모태가 되는 인물로 근대 독일의 문호 괴테의 희곡 ≪파우스트≫의 발상에 암시를 줌으로써 문학사에서 불멸의 이름을 남기게 된 것이다. 그런데 그 희곡에 앞서서 영국의 말로우(C. Marlowe)가 ≪파우스타스 박사(Dr. Faustus)≫를 쓴 바 있으며, 영국 배우들의 공연으로 독일에 전해졌고, 여러 가지 같은 소재의 민간극이 행해졌다. 그 밖에도 프랑스 작곡자인 구노(C. Gounod)의 가극 ≪파우스트≫도 유명하다.

마녀 사냥

셰익스피어의 4대 비극의 하나인 ≪맥베드(Macbeth)≫에도 음산한 마녀가 세 사람 등장한다. 스코틀랜드의 용장 맥베드가 왕위를 찬탈하려는 야심을 알아차린 마녀는 전승하고 돌아오는 그에게 장래 왕위에 오르게 된다고 교묘한 예언을 한다. 그 암시에 걸린 맥베드는 결국 비극의 길을 걷게 되는 것이다. 셰익스피어는 저속한 사실 묘사를 피하고 초자연적인 존재를 통해서 인간 욕망의 악마적인 작용을 상징하려 했던 것으로 보인다.

중세 기독교 전성기에는 악마나 마녀의 존재를 굳게 믿었다. 그러한 미신은 아직 과학이 발달하지 못한 시대에 피할 수 없는 일이기도 했다. 그러나 교회가 세속적인 권력을 전개하고 사회의 지도적 역할을 하고자 하자 사태는 한결

나빠졌다. 교회는 자체의 권위를 높이기 위해서 악마라는 허황된 존재를 강조했고, 따라서 사회 전체는 그러한 박해에 대해 겁을 집어먹게 된 것이다.

마녀는 악마의 앞잡이요, 악마와 통함으로써 초자연적인 마력을 얻어서 인간에게 위해를 가한다고 하였다. 그 정체는 보기 흉한 노파로서 검은 고양이를 부리고, 빗자루를 타고 하늘을 날아다니며 때로는 황폐한 사원 등에 모여서 악마를 찬양하면서 죽인 아이의 피를 온 몸에 바르고 기괴한 춤을 춘다는 따위의 속성을 지녔다고 믿었다. 그러므로 그런 못된 마녀 사냥(sitch hunt)을 철저히 해야 한다는 결론이 나왔던 것이다.

마녀 사냥은 교회의 이른바 심문청(審問廳) 지도하에 유럽 각국에서 행해졌다. 그 방법 또한 독단적이고 잔인한 것이었다. 대부분이 오해이거나 남을 해치려는 밀고에 의해 용의자들이 체포되고, 모진 심문과 고문에 의해 죄가 씌워져서 끝내 화형에 처해졌다. 그리고 생화장된 여인의 뼈와 재는 공중에다 뿌리게 마련이었다.

프랑스의 구국 처녀 쟌다르크가 마녀라는 누명을 쓰고 화형당한 것은 기실 빙산의 일각이라고 하겠다. 왜냐하면 엘리자베스 여왕과 같이 총명하다고 칭송받던 사람도 충치 때문에 고통을 받으며 며칠 밤잠을 이루지 못하자, 그것을 마녀의 짓이라고 돌려서 아무 죄없는 부인을 처형했다고 한다. 그러니 무고한 죽음이 과연 얼마나 컸을 것인가는 가히 짐작할 만하다.

마녀 재판을 단순히 미개한 시대의 인류가 저지른 웃어 넘길 과오였다고 과소 평가할 수만은 없다. 왜냐하면 그러한 비극은 소위 암흑시대였다는 중세에서 뿐만 아니라, 인류가 이성이나 휴머니즘에 눈 뜬 르네상스를 지난 18, 9세기에 이르기까지도 끊임없이 행해졌으니 말이다.

이단 심문

중세 말기에 이르자 교회의 부패와 타락은 극에 달했고, 그것에 대한 양식과 비난의 소리는 높아지지 않을 수 없었다. 영국의 신학자며 종교개혁의 선구자였던 존 위클리프 (J. Wycliffe 1320~84) 등은 저항에 앞장섰던 사람이다. 그는 옥스퍼드 대학의 교수였으며 궁전의 주교가 된 후에 교황의 압박에 저항하여 영국의 정치적·종교적 독립을 위해 교회의 개혁에 힘썼다. 또한 통속어로써 성서의 영역(英譯)을 하는 등 복음 전도에 힘쓴 인물이기도 하다.

여하간 교회가 외부로부터 공격을 받기 시작하자, 교회 내부에서도 반성의 기미가 보이기 시작하여 교회의 개혁이 논의되었다. 그리고 교회의 권위를 회복하기 위해 자주 종교회의가 열렸다. 특히 15세기초에 스위스의 콘스탄츠에서 열린 종교회의는 가장 규모가 큰 것이었고, 승려들 이외에도 각국의 왕과 수많은 제후들이 참석했다.

그 회의에 의해서 로마 법왕의 정통성이 인정되었고 분열했던 교회가 통일되었다. 그러나 법왕의 정통성을 확립하기

위해서는 그 권위에 대한 극단적인 비난 공격에 대해서 이
단으로 몰아 억압할 필요성이 있었다. 그래서 그 이단 심문
의 비난의 대상에 오른 것이 바로 위클리프와 후스(Huss
1369~1415)였다. 위클리프의 설교 중 특히 문제가 된 것
은 다음과 같다.

1. 빵 및 포도주는 모두 물질이며 제단 위의 비적(秘蹟)
의 실체가 그것들에 옮겨지는 일이란 없다.

2. 법왕이 악인이고 악마의 동지라는 것을 알게 된 경우
에는 그러한 법왕은 신도들 앞에 군림할 권능이 없다.

3. 성직자가 재산을 갖는 것은 성서에 위배되는 처사이
다.

이와 같은 사항 중에서 첫째의 것은 빵과 포도주를 그리
스도의 살과 피로 가정하는 카톨릭의 성체배령(聖體拜領)의
의식을 무효로 규정하는 것이다. 또한 두번째는 법왕의 권
위에 대한 부정이며 세번째는 교회 재산에 대한 비판이다.

즉 위클리프는 신앙의 유일한 근본을 성서로 삼고 기타
의 요소를 배척한 것이었다. 그의 주장에 따른다면 교회라
는 것은 영혼의 구제가 기약된 사람들에 의해서만 성립되
는 것이었다. 그러므로 그의 교설은 '구령 예정설(救靈豫定
說)'로 일컫게 되었다. 그의 학설에 공명하여 신봉한 사람
이 보히미아의 종교 개혁가인 후스였다. 후스도 위클리프를
따라서 다음과 같이 주장했다.

1. 성스러운 보편적인 교회는 단 하나이며 그것은 구령
예정자들의 단체이다.

2. 법왕의 존엄성은 황제의 세속적인 권력으로부터 유래한 것에 지나지 못한다.

3. 교회에 대한 복종이란 교회의 사제가 억지를 부리는 것에 지나지 않으며, 성서에 명기된 권위를 갖는 게 아니다.

이러한 사항은 로마 카톨릭 교회에 대한 정면 도전이었다. 이와 같은 도전에 대해 교회가 더욱 가혹한 탄압을 가한 것은 자기 보호를 위해 당연한 노릇이었는지도 모른다.

이단의 낙인이 찍힌 두 사람의 운명은 똑같지가 않았다. 즉 위클리프는 이단자의 죄명으로 런던 주교에 의하여 교회 법정에 출두 명령을 받았으나, 영국 왕은 그를 비호함으로써 그는 계속 그의 교설을 펴나갈 수 있었다. 그런 반면에 후스는 종교회의에 소환받아 1415년 7월에 화형을 당하고 말았다. 그후 거의 1세기가 지나서야 루터에 의한 종교개혁의 횃불이 타올랐던 것이다. 그런데 후스가 화형을 당하자 그의 신봉자들은 1419년에 이른바 후스 전쟁을 일으켰다. 교황은 즉시 십자군을 일으켜 그들을 토벌하려 했으나 수습에 실패했고, 황제도 실패함으로써 후스의 세력은 팽창해 갔다. 그후 1436년 이글라우(Iglau)의 화의가 성립됨으로써 후스 파는 신앙의 자유를 얻고 싸움은 종식되었다.

면 죄 부

본래 로마 교회는 일정한 선행을 행한 신도들에게 법왕

의 권능으로 신의 앞에서 모든 죄를 용서하는 면죄제도가 있었다. 그 선행 중에는 단식·순례 등 직접 몸으로 행할 수 있는 것뿐만 아니라 교회에다 재산을 기부하는 행위도 포함되어 있다. 그런데 중세 말기에 이르자 교회가 심한 타락을 함으로써 단순한 축재의 수단으로 면죄부라고 하는 패를 발행했다. 일찍이 위클리프와 후스는 면죄부를 통박한 바 있다.

1517년, 법왕 레오 10세는 로마의 티베르 강 오른쪽으로 세계 최대의 산피에트로(San Pietro) 사원을 건립키 위한 자금 조달을 위해서 면죄부를 발행했고, 그 판매인을 전국 각지에 파견했다. 그 당시 영국과 프랑스 등은 국왕의 힘이 강대해져서 교회가 그런 강매 행위를 할 여지가 없었으므로 중앙집권이 뒤늦었던 독일을 특히 목표로 삼았다.

비텐베르크(Wittenberg) 대학의 신학 교수인 마틴 루터는 거듭되는 교회의 타락을 개탄하던 차에 면죄부 판매인인 테체르가 색소니아 공국(公國)에 와서 행동하는 것을 보았다. 그러자 그는 법왕의 온갖 편협된 정책에 반대하는 '95개조의 선언문'을 비텐베르크 예배당에 써붙이고 로마 교회와 단호히 대립한 것이다. 그 조항을 몇 개 들어본다.

21조—면죄부를 변호하는 자는 법왕의 사면으로 모든 죄로부터 벗어난다고 주장하나 그것은 잘못이다.

27조— 돈 상자에 화폐가 떨어질 때 달그랑 소리가 나면 당장 영혼이 지옥에서 연옥으로 옮겨간다고 하는 따위는 어리석은 소리다.

이와 같은 루터의 면죄부에 대한 전면적인 반대는 또한 인간이 구제받는 것은 신의 은총에 의한 것이며, 선행을 쌓는 것이 구제의 필요조건은 아니라는 주장까지 내세우게 되었다. 루터의 내적인 신앙의 중시는 로마 교회의 형식적인 면죄관(免罪觀)에 대해서 혁신적인 의미를 지니고 있었다. 결국 그의 주장은 교회의 권위를 정면으로 부정하는 것이었다.

처음에 루터는 교회와 단절할 것까지는 생각지 않았다. 그러나 교회측이 강경하게 그의 주장을 취소할 것을 명함으로써 이윽고 법왕과 교회에 대해 전면적인 대항을 개시하게 되었다. 그는 많은 논문을 써서 승려와 일반인의 차이를 부정했고, 성서만이 유일한 기독교 신앙의 근본임을 주장했다. 또한 법왕에 의한 승려의 임명, 세금 징수 등에 대해 반대했다.

교회는 1520년 12월 그에게 최후의 수단으로 파문을 선고했다. 그러나 그는 대중들이 지켜보는 가운데 법왕의 파문장을 소각시켜버리고 종교개혁의 3대 논문인 〈기독교 귀족에게 기여하는 것〉·〈교회의 바빌론 유수(捕囚)〉·〈기독자의 자유〉 등을 발표함으로써 반카톨릭의 단호한 태도를 밝혔다. 그러한 태도는 그 당시의 교회와 독일의 상황에 불만을 품고 있던 사람들의 큰 지지를 받았다. 그를 지지한 세력은 교회의 세속적인 권리에 대한 간섭을 꺼리던 제후들과 자유를 희구하는 도시 주민들 및 봉건제도와 교회라는 이중의 압력에 시달린 농민들이었다. 여하간 루터의 반로마 교회의 움직임은 독일 사회를 동요시켰다. 그는 설교·강의·저술 등 왕성하고 활발한 움직임을 보이며 종교개혁 운동의 거보를 내디뎠다.

그러나 1521년, 신성로마제국 황제 찰스 5세는 제국 지배를 위해 법왕의 원조를 얻고자 월므스의 국회로 루터를 소환하여 그의 주장을 취소하라고 요구했다. 그러나 루터는 의연히 의사당에 선 채 자기 뜻을 굽히지 않았다.

"오, 신이여, 저는 여기 서 있나이다. 그것밖에 저는 아무것도 할 수 없나이다. 신이여, 굽어살펴 주옵소서."

이 극적인 장면은 그림으로 전해지거니와, 이윽고 황제는 루터를 법률의 보호의 테두리 밖에 둔다고 선언했다. 그러나 색소니아 공은 루터를 남몰래 거성 왈트부르크에 은신시켜 주었다. 그리하여 그런 평온한 시기에 루터는 성서를 독일어로 번역하는 일을 완성했다.

루터의 교설은 반로마 교회, 반교황주의의 첨단이었다. '신앙에 의하여 정의를 결정한다'는 그의 근본 입장은 신교주의(新教主義)의 지도적 원리로서 후세에 큰 영향을 미쳤다.

산타마리아의 종

산타마리아라는 명칭을 가진 사원은 이탈리아에 헤아릴 수 없을 만큼 많이 있다. 그런 명칭의 사원들이란 그리스도의 어머니인 성모 마리아에게 봉헌된 사원을 뜻한다. 프랑스 식으로 말하자면 노틀담(Notre Dame:우리들의 성모)

에 해당하는 것이다.

산타라는 것은 물론 Saint Santo의 여성형이다. 남성형은 자음으로 시작되는 단어 앞에서는 San이 된다. 이를테면 San Francisco나 San Salvador(성스러운 구주(救主), 단 이것은 스페인 어)로서 성(聖)을 말한다. 또한 이탈리아에서 노틀담에 해당하는 성모 마리아의 호칭은 잘 알다시피 마돈나(Ma Donna, 흔히들 Madonna로 붙여서 쓰고 있다)다.

중세 때 마리아에 대한 숭배는 대단했다. 영원한 모성, 동시에 여성에 대한 동경심이 하나의 돌파구를 찾아낸 것이라고도 하겠다. 왜냐하면 기독교 포교 이전에는 대모신(大母神)이나 사랑과 미의 여신에 대한 숭배로서 여성에 대한 동경을 표시했기 때문이다.

산타마리아 사원의 종소리야말로 영원한 모성이 방랑의 길을 헤매는 아들에게, 또는 집을 떠난 탕아나 병든 자, 상처입은 자, 또는 길 잃은 자를 부르고 있는 따사롭고도 아늑한 위안의 소리일지도 모른다. 이를테면 배수비오 산을 바라보는 나폴리 항구의 산타마리아 사원의 종소리가 노을이 붉게 물든 바다 물결 위에 은은히 울려퍼지는 광경을 한 번 상상해 보라.

그 종소리가 온종일 파도와 싸우다 항구로 돌아오는 어부들의 뱃전에 부딪칠 때, 또는 방랑의 먼 길에서 이제 고향으로 돌아오는 갑판 위에 선 젊은이에게 그 종소리는 절로 손을 맞잡고 아늑한 어머니의 품에 안긴 양 묵도(默禱)

하게 해주는 것은 아닐까. 어쩌면 지금쯤 집에서 따스한 저녁을 지어놓고 이제나 저제나 귀가를 고대하는 사랑스러운 아내 또는 인자한 어머니의 모습을 더욱 뜨겁게 느끼게 해주는 만종(晩鐘)이 산타마리아 사원의 종탑에서 아득히 울려퍼지는 것이기도 하리라.

나를 거쳐 슬픔의 고을에 이르리라

단테 알리기에리(Dante Alighieri 1265~1321)는 이탈리아가 낳은 시성(詩聖)이며 그의 《신곡》은 서양 중세에 있어서 가장 위대한 문학 작품으로 높이 평가되고 있다. 여기서 그의 문학사적 의의를 논하는 것은 지면 관계상 생략하고, 간단한 해설과 표제로 내건 유명한 시구 등을 살펴보기로 한다.

《신곡》은 '지옥편' 34가(歌)와 '연옥편' 33가, 그리고 '천국편' 33가 등 모두 1백가로 되어 있는 3부작의 대시편(大詩篇)이다. 시형은 삼운구법(三韻句法)으로 되어 있으며, '천국편'은 그가 죽은 뒤에 유고로 나왔다. 본래 그가 이 대시편을 발표했을 때는 단지 《코메디아(Commedia)》, 즉 희극이라고 했다. 그러나 뒷날 그 내용이 숭고한 종교적 감정과 관념을 띠고 있어서 세상에서 디비나(Divina:신성한)라고 붙임으로써 그 제명을 《신성한 희극》이라고 할 수 있는 《divina Commedia》로 붙이게 되었다.

인생의 나그네길 그 복판에서
문득 생사의 어두운 숲 속을
길 잃고 헤매는 스스로를 보았노라

이렇게 ≪신곡≫의 첫머리 '지옥편(Inferno)'의 제1가는
시작된다. 단테는 자신이 지옥으로 그의 첫 편력을 떠난다.
그리하여 제3가에서 단테는 자기의 안내자인 비르질리오
(로마의 대서사시인 베르질리우스를 말하는 이탈리아 어
형)를 따라 지옥의 입구에 있는 대문에 이른다. 그 대문 꼭
대기에는 다음과 같은 9행의 글귀가 씌어져 있다.

나를 거쳐 슬픔의 고을에 이르리라
나를 거쳐 영원한 탄식에 이르리라
나를 거쳐 멸망된 백성들 속에 이르리라
정의는 우리의 존엄한 창조주를 움직여
천주의 힘, 그 끝없는 슬기와
본연의 사랑, 우리를 만들었거니
우리 앞에 만들어진 것 영원한 것밖에는
또 없으므로 우리 영겁까지 남아 있을지니
모든 지닌 바람을 버리라, 여기 들어서는 자들이여.

과연 지옥이 있는지 없는지는 여기서 논외(論外)로 두
자. 현세에서 저지른 잘못은 우선 현세에서 벌을 받거나 뉘
우치고 볼 일이다. 지옥이 있다면 그때 가서 겪을 일이고.
일찍이 그리스의 초기 시인 헤시오도스는 지금부터 벌써 2
천 7백년 전에 이런 말을 했다. "못된 짓을 하는 자는 자신

에게 가장 못된 악을 행하는 것이다."

단테가 엮은 지옥으로 눈을 돌려보기로 한다. 이승에서 숱한 죄를 지은 자들이 괴로움 속에서 비명치며 한탄하고 있다. 모두가 역사상 유명했던 존재들이다. 그 중에서 제5가의 무대는 지옥의 제2환(環)으로서 그곳에는 사음(邪淫)의 죄를 지은 자들이 지옥의 광풍과 암흑 속을 헤맨다. 그런 애욕 때문에 몸을 망친 자들 중에 리미니 성주의 아내인 프란체스카와 정부인 파올로가 단테 앞에 불리어 나오게 된다.

단테는 프란체스카에게 어찌하여 슬프고 한스럽게 죽었는지, 또 사랑이 얼마나 달콤했는지, 두 사람이 사연(邪戀)에 빠진 내용을 들려달라고 한다. 그러자 프란체스카는 비통하게 말하는 것이다.

"비참함 속에서 행복했던 때를 회상하는 것보다 더 큰 슬픔이란 없나이다."

그녀는 이렇게 뼈저리게 말하고는 울면서, 그 연정의 내막을 꼭 알고 싶다면 얘기해 주겠노라 하고는 최초의 입맞춤에 대해 들려준다. 그 말에 단테는 그 영혼들에 대한 애처로움으로 죽은 듯이 넋을 잃고 '죽은 몸이 쓰러지듯 넘어졌노라'고 제5곡의 끝을 맺는다.

프란체스카와 파올로의 사연에 대한 내용은 단테가 ≪신곡≫에서 엮지 않았으나, 거기에는 다음과 같은 애달픈 사연이 담겨있다. 즉 1285년경의 일이다. 중부 이탈리아의 동쪽 해안에 있는 리미니 (로마의 케사르가 도강했던 루비

콘 강의 근처) 성주 말라테스타는 라베나 성주 폴렌타와 불
화가 계속되던중에 중재자의 힘으로 서로 화해하게 되었다.
또한 그 화해를 더욱 돈독하게 하기 위해서 라베나 성주는
딸인 프란체스카 공주를 리미니 성주의 큰아들 잔치오토에
게 주기로 약속했다.

　잔치오토는 용감한 젊은이었으나 워낙 추남인 데다가 절
름발이었기 때문에 신부를 맞아들이기 위해 꾀를 썼다. 즉
자기 동생 파올로는 미남 청년이었으므로 그래서 자기 대신
파올로를 내세워 프란체스카 공주를 맞아왔던 것이다. 그러
나 출가하여 곧 자기 남편이 파올로가 아닌 못생긴 잔치오
토인 것을 알게 되자 공주는 실망과 괴로움이 컸다. 그래서
그녀는 저도 모르는 사이에 파올로를 사모하게 되었고 두
사람의 연정은 깊어갔다. 그 무렵 남편인 잔치오토가 공무
로 성을 비우고 나간 사이에 프란체스카는 파올로와 함께
지내고 말았다. 잔치오토는 성에 돌아오자 그 사실을 시종
에게서 듣고 분노가 치밀어 배신한 아내 프란체스카와 동
생 파올로를 칼로 쳐죽이고야 말았던 것이다.

죽음의 승리

　이탈리아의 르네상스를 꽃피운 피렌체(Firenze, 영어로
는 Florence : 꽃피는 도시라는 뜻)는 로마에서 북서쪽 2
백30킬로 지점에 있는 역사적인 도시다. 피렌체는 13세기
에 황제의 세력을 배경으로 일시 기벨린(Ghibellin) 귀족

의 정권이 수립되었다. 그러나 금융업·상업·모직물 공업 등의 융성을 기반으로 세계적인 번영 속에 겔프(Guelf)의 제승(制勝)과 부유대시민(富裕大市民)의 지배가 이루어졌던 도시다. 그후 경제적인 공황과 1348년에 시작된 페스트(黑死病)로 혼란이 일어나기도 했다. 그 흑사병이 얼마나 무수한 인명을 앗아간 무서운 악역(惡疫)인가는, 바로 페스트라는 말뜻이 악역이라는 것으로도 곧 알 수가 있다.

피렌체에서 얼마 멀지 않은 곳에 갈릴레오 갈릴레이가 중력의 실험을 했다는 사탑의 거리 피사가 있다. 피사의 사탑에 근접해서 위치하는 것이 매장당(埋葬堂)인 칸포 산토이다. 그 매장당 벽에는 이 세상의 종말이라는 지옥의 모양이 푸른색이며 붉은색으로 그려진 유명한 벽화 '죽음의 승리'가 있다. 눈부시게 치장한 귀족들의 기마 행렬과 대조적으로 헐벗은 걸인이며 절름발이들의 무리, 배가 부어오른 주검이며 해골, 검은 날개를 펼치고 육박하는 죽음의 신이 그려져 있다.

유럽 중세 후기를 뒤흔들었던 그 가공스러운 흑사병이 불러일으킨 고통과 죽음의 난무를 여실히 보여주는 명화가 '죽음의 승리'다. 이승의 고통 속에서도 그리스도교가 내세우는 천당을 동경하며 그들은 페스트라는 악역에서 몸부림쳤던 것이다. 복카치오(G. Boccaccio 1313~1375)가 쓴 ≪데카메론≫도 실상은 그 무서운 페스트를 피해서 피렌체에서 피난간 사람들의 이야기였다.

'죽음의 승리'가 그려진 것도 페스트가 휩쓸었던 거의 같은 무렵인 14세기 중엽이라고 한다. 그러나 악역이 휩쓸던 그 공포의 시대가 일반 민중에게는 비참한 중세 말기이기도 했으나 한편으로 향락적인 시대이기도 했다. 왜냐하면 비참한 시대적 배경에서 사람들은 내일에 대한 희망이나 기대를 저버리고 오늘이라는 현실만을, 목숨이 붙어있는 현재만을 만족하려고 했던 것이다. 르네상스란 바로 그런 역사적 배경이 낳은 소산이라고 하겠다.

> 아름다운 청춘이란 달려가나니
> 보다 빨리 숨어서 사라질지니
> 즐거움을 따르려는 자는 따르는 게 좋으리라
> 내일을 벼른대도 될 수 없는 것.

이러한 피렌체의 영주 로렌쵸일마니피코의 노래처럼 그들은 오늘을 향락하기에 여념이 없었던 것이다.

그런데 매장당 칸포 산토의 벽화 '죽음의 승리'는 제2차 대전 때 폭격으로 완전히 부서져 버리고 말았다. 그래서 복원될 수 없는 미술사상의 큰 손실로 기록되리라고 여겨졌으나, 다행히도 그 파괴된 무수한 벽편(壁片)들을 다시 모아 정리해서 본래의 구도대로 복구하게 되었다. 그야말로 화제(畵題) 그대로 '죽음의 승리'를 이룬 것이라고나 할까.

부언하자면, 같은 제목의 유명한 소설이 있다. 역시 이탈리아의 소설가인 다눈치오(G. D'Annunzio)의 3부작인 ≪장미의 소설≫의 최후작이 ≪죽음의 승리≫다. 19세기 말엽인 1894년에 출판된 소설이다. 한 여자와 사랑에 빠진

주인공이 양심에 꺼리는 생활을 하다가 종교적 신비주의와 음악에 의하여 여자를 개심시키려 했으나 그의 정력은 무기력할 따름이었다. 그는 여자의 정열을 꺾는 것은 오직 죽음뿐이라고 단정하고 여자를 아드리아 해안 절벽으로 유인하여 함께 투신 자살하고 마는 내용이다. 즉 주인공은 죽음으로써 승리를 거둔 것이다. 이는 작가가 모든 기성 도덕과 법률을 초월하고 초인에 대한 강렬한 동경을 보이는 작품으로서 니체(F.W. Nietzsche)의 사상에 영향받았음을 보여주고 있다.

마호메트와 산

장소를 바꾸고 때를 거슬러 올라가 회교(이슬람교·마호메트교·회회교 등으로도 부른다) 교주인 마호메트(570~632)를 만나보기로 하자. 그는 메카의 귀족 가문에서 태어났으나 부친을 여의고 숙부 밑에서 자랐다. 젊어서는 가난했기 때문에 메카에서 다마스커스에 이르는 대상(隊商)에 가담해서 왕래했다. 그는 25세 때에 부유한 과부와 결혼해서 메카에서 유수한 부자가 되었다. 더구나 그는 대상으로 시리아 방면에 드나들 때 기독교며 유태교에 접하게 되었다. 그리고 스스로 영감을 받기에 이르자 종교에 의해서 민중을 구제하려는 뜻을 품게 된 것이다.

그는 종교적인 열정을 바쳐서 아라비아 각종 종교를 통일하기로 했다. 그는 유일신으로 알라(Allah)를 제창하고 신앙할 것을 외쳤다. 스스로 알라의 사도가 되어 예언자 노릇을 한 마호메트는 여러 종교가들의 후원을 받았다. 그러나 메카의 귀족들에게 박해를 받게 되자 메디나로 피신했다. 그날을 헤지라(Hegira), 또는 히즈라(Hijrah)라 하여 교도들은 그들의 기원 원년으로 삼았다. 그 무렵 아라비아인들은 각 부족 특유의 종교를 가지고 대립했다. 그러나 마호메트의 알라 신앙은 마침내 그 벽을 무너뜨리고 끝내 아라비아 민족의 종교적·정치적 통일을 이룩했다.

메디나에서 회교의 토대를 구축한 마호메트는 선교를 활발히 하며 세력을 확장했고, 뒷날 메카와 조약을 맺었다가 메카를 정복하고 말았다. 무력과 탄압으로써 선교를 했으며 따라서 메카와 수십 차에 걸친 전쟁을 했던 것이다. 그는 만년에 이르러 아라비아 전토를 정복했다. 그리고 인더스강으로부터 지브로올터 해협을 넘어 스페인에 이르는 대제국을 건설하여 회교 문화권을 형성했다.

회교의 교리는 《코란(Koran)》이라고 하는 경전에 나타나 있다. 교도들은 마호메트가 천사인 가브리엘을 통해서 신의 계시를 받았다고 한다.

그는 기독교와 유태교의 영향을 받아 자기 교리로 받아들였으나 알라신을 유일 절대로 숭배했고, 계율이 엄하며 승속의 차이를 두지 않았다.

마호메트에 관한 일화는 여러 가지로 많으며 특징이 있다. 이를테면 그는 비둘기를 잘 길들여서 그것을 이용했다고 한다. 자기 귓구멍에다 콩을 넣고 그것을 비둘기가 쪼아

먹게 했다는 것이다. 그래서 비둘기는 배가 고프면 마호메트의 어깨에 날아앉아 부리를 그의 귓구멍에다 대었다. 그것을 가리켜 마호메트는 신이 비둘기로 화해서 자기에게 신탁을 고하는 것이라고 했다. 물론 교활한 방법이라고 하겠으나, 고대 종교에서의 기적이란 우연히 이루어지거나 인위적인 조작에 의한 것이 태반이라고 하겠다. 오늘날 유사 종교 등의 교조(敎祖)들도 그 수법이 기기묘묘한 것을 볼 수 있다.

마호메트와 산에 대한 얘기는 더욱 의미심장하다. 그가 포교를 시작했을 무렵 아라비아 인들은 그가 신의 사도라는 것에 대해 모세나 그리스도처럼 기적을 보이라고 요구했다.

마호메트는 그러한 행위는 신을 시험하는 일이라 오히려 신의 노여움을 살 우려가 있다고 경고했다.

그러나 한번은 사파 산(山)을 향해서,

"산아 이리로 오라!"고 명했다. 산은 움직이지 않았다. 그러나 마호메트는 신도들을 향해 태연히 말했다.

"신을 기리도록 하라. 만약 산이 내게로 온다면 우리 모두는 짓눌려 버리고 말리라. 나는 스스로 산으로 가서 자비로우신 신을 기리리라."

이런 말은 일종의 궤변이다. 그러나 자신의 입장을 그 정도로 합리화시킬 능력이 없다면 대종교의 교조가 되기는 어렵다고도 하겠다.

여하간 회교는 마호메트의 '코란과 칼'로써 종교적·정치적 세력을 뻗쳐 수세기 동안 아라비아 세계를 휩쓸었던 것이다. 그래서 '한 손에는 코란, 다른 손에는 칼'이라는 비유를 하는 것이다.

마호메트의 죽음은 또 어떤 일화를 남겼을까? 그는 632년에 그의 신성을 시험하는 일부인의 독약을 마시고 다시는 일어나지 못했던 것이다.

열려라 참깨

이 말은 누구나 잘 알다시피 《아라비안 나이트》의 '아리바바와 40인의 도적' 중에 나오는 주문이다. 아리바바는 도적의 그 주문을 알아 가지고 도적 무리의 보고를 열어서 엄청난 부를 꾀하게 됐던 것이다. 그런데 '열려라 참깨'는 그런 설화에서 바뀌어 오늘날에는 일반적으로 중대한 문제를 해결하는 열쇠라는 뜻으로 쓰인다.

《아라비안 나이트》는 아라비아라고 하는 특이한 풍토 위에 꽃핀 불가사의한 사막의 꽃같은 설화집이라고 하겠다. 그 얘기들은 우리의 지성이나 합리성으로는 도저히 납득할 수 없다. 그야말로 자유분방하게 상상력을 구사한 허황된 얘기임에 틀림없다.

이 얘기들은 10세기경부터 형성되기 시작해서 15,6세기의 사라센 제국의 융성기에 집대성되었다고 본다. 얘기의 발상지는 페르시아를 비롯해서 인도, 이집트, 바그다드 등의 구비(口碑)전설 등이 한데 모아진 것이다.

통속적으로 알려진 것을 본다면 회교 왕인 샤리야르 (Shahriyar)는 왕비를 매우 아꼈으나 그녀가 부정을 저지른 것을 알고 살해했다고 한다. 그리고는 모든 여성을 저주하게 되어 매일처럼 새로운 왕비를 맞이하여 하룻밤이 지나면 이튿날 살해하기를 3년간이나 계속했다고 한다. 그러던 중 한 대신의 딸이 보다 못해서 임금에게 왕비가 될 것을 자원했다. 총명하기 그지없는 세라사드라는 처녀로서, 그녀는 첫날밤 임금에게 흥미진진한 얘기를 들려주기 시작했다고 한다. 왕은 재미가 있어서 밤새 이야기를 들었으며 얘기가 클라이맥스에 이르러면 뚝 그쳐서 다음날로 미루어졌다. 이렇게 세라사드가 이야기를 1천날 밤 동안 계속하는 사이에 왕은 마침내 살의(殺意)를 잃게 되고 끝내는 그녀를 사랑하며 존경하게 되었다는 것이 바로 《아라비안 나이트》에 담겨진 얘기들이다. 흔히 《천일야화》로 번역하며 영어로는 《Arabian Night》로 알려져 있다. 여하간 그 내용들은 문학적인 매력을 풍성하게 지니고 있다.

'열려라, 참깨!'

이 주문을 가만히 음미한다면 당시 황막한 아라비아 사막에 사는 사람들의 황량한 생활이 상상될 듯도 하다. 내려쬐는 폭양, 극도로 건조한 사막, 물 한 방울 구하기 힘든 사막에서 그들은 실로 황금의 보고라도 찾고 싶다는 허황된 꿈을 간직하고 살았을 것이다. 그런 분방하기 그지없는 환상이 현실로 돌아왔다면 독자들은 짐작이 갈지 모르겠다.

'열려라, 참깨!' 과연 그 황막한 사막에서 허황된 주문은 현대를 깜짝 놀라게 했으니 무진장의 석유가 펑펑 쏟아져 나온 것이다. 아니 지금도 치솟고 있으며 오늘날 사우디아라비아는 유감없이 그 부를 과시하고 있다. 호사스러웠던 '아라비안나이트'의 생활이 현대에 재생된 것이다.

사막의 보고는 석유를 뿜어내고 있다. 과연 그렇다면 그것은 아라비아 인의 주문에 의해서 입을 벌린 것일까. 그렇지는 않다. '열려라, 참깨!'라는 주문이 아니라 서구의 근대 과학이 그 보고를 연 것이다.

Ⅲ 근 세

르네상스를 흔히 문예부흥이라고 일컬으나 한 마디로 말해서 고대 문화, 그리고 그 세계관의 부활이라고 하겠다. 르네상스는 이탈리아에서 14세기경에 일어나 그것이 서쪽과 북쪽으로 15,6세기경까지 유럽 일대에 확대됨으로써 인간의 능력을 각 방면으로 발휘케 한 것이다. 즉 코페르니쿠스며 갈릴레오 등은 과학의 진실을 대담하게 추구하였고, 콜럼부스같은 사람은 대양을 항해해서 세계의 구석구석을 하나로 맺어 나갔다. 또한 그 시대에 종교개혁이 일어났다. 그뿐 아니라 그로부터 다빈치나 셰익스피어같은 위대한 예술가가 등장하였다. 그것은 틀림없이 인간주의의 위대한 개화였고, 인류사에 있어서 가장 눈부신 출래사(出來史)였다. 이 시대에 있어서의 고사(故事)는 당연히 그러한 사실을 강조하는 일화들로 나타난다.

본장에서는 '근세'라는 커다란 테두리 속에서 18세기에 이르기까지 전개된다. 근세야말로 몽테뉴, 데카르트, 뉴턴 등의 이름이 보여주듯이 지성과 예지가 번뜩이는 시대요, 또한 그것이 움직일 수 없는 특색으로 이 고사 일화를 장식하며 등장한다. 또한 이 시기는 프랑스 루이 왕조의 영화를 대단원으로 하여 차츰 그 양상이 변해간다.

모나리자의 미소

'모나리자(Mona Liza)'는 이탈리아 르네상스의 거장인 레오나르도다빈치(Leonardodavinci 1452~1519)가 그린 초상화다. 그는 화가인 동시에 조각가며 건축가요, 그리고 과학자로서 미켈란젤로, 라파엘로와 더불어 르네상스를 대표하는 인물이었다.

"거울과 같이 정확히 자연을 찍어야 한다."

레오나르도다빈치는 이렇게 역설했으니 과연 그의 예술의 위대성은 어디에 있을까. 그가 표방한 사실(寫實)은 결코 사실을 위한 사실을 뜻하는 것이 아니다. 즉 그의 사실은 주관적 정신 내용을 객관적으로 표현하기 위한 절대적 조건으로서의 사실이었던 것을 우리는 잊어서는 안 된다. 그의 고전적 예술은 밀라노(Milano) 시절에 완성되었다. 또한 그는 회화뿐 아니라 조각·건축·축성(築城)과 널리 자연과학에도 통달했다.

이제 그의 명화 '모나리자'에 대해서 살펴보자. 이 그림은 그가 고향 땅인 피렌체에 있을 때, 그 고장 부호인 프란체스코 델 지오콘도(Francesco del Giocondo)의 부탁을 받아 그 사람의 부인 엘리자베타를 그린 것이라고 한다. '모나리자'란 영어로 '나의 엘리자베스'라는 뜻이다.

이탈리아의 포치라는 사람이 조사한 바에 의하면 엘리자
베타는 피렌체의 안토니오 마리아 데 놀드 게랄디니의 딸
이었다. 이 그림은 1503년에서 6년까지 거의 4년이 걸렸
다고 하며, 모델의 나이는 24세에서 27세 때까지 였다니
실로 장구한 시일에 걸쳐 진력했음을 알 수 있다. 판자(板
子)에다 유화로 그려진 것으로서 그림의 크기는 불과 길이
77센티, 너비 55센티밖에 안 되는 소품이다. 그런 오랜 날
을 그리고서도 아직 미완성품이라는 것은 듣는 이를 놀라
게 한다.

더구나 장기간에 걸쳐 한결같이 변함없는 표정을 짓는다
는 것은 불가능한 일이었다. 그러나 다빈치는 그 난점을 해
소하기 위해서 화실에다 음악가나 광대, 의사까지 불러 놓
고 그녀의 기분을 맞추느라 무던히 애썼다고 한다.

그런데 특히 문제가 되는 것은 그녀의 표정 중에서도 입
술을 갸름하게 물고 미소짓는 특이한 모습이다. 그런 미소
는 그리스나 동양의 옛 조각에서 볼 수 있는 이른바 고졸적
(古拙的)인 미소다. 그러면 어째서 엘리자베타가 그런 미소
를 띠었느냐 하는 갖가지 해석이 따르게 마련이다. 일설에
의하면 그 당시 엘리자베타는 자식을 잃었기 때문에 그런
비탄이 저도 모르게 미소에 뒤섞였다는 것이다. 그러나 미
소의 원인에 대해서는 화가인 당사자에게 돌려, 그가 인간
을 관찰한 깊이가 그런 복잡한 표정을 자아내게 했다는 설
이 가장 유력하다는 것은 두말할 여지가 없다.

다빈치가 프랑스의 프랑소아 1세에게 초대받았을 때 그

그림을 갖고 갔더니, 왕은 4천에퀴를 내고 사들여서 성에다 장식했다고 한다. 그후 수백 년의 세월이 흐르는 동안 잘 보존되어 현재는 루브르 박물관에 진열되어있다. 그런데 이따금씩 먼지를 닦아내고 광택 니스 따위를 칠했기 때문에 화면 전체에 가느다란 금이 가고 세부(細部)가 씻겨 떨어져서 엷어지고 말았다.

그런데도 불구하고 날이 갈수록 더욱더 모나리자의 미소는 오묘한 매력을 풍기며 인간과 예술에 있어서의 수수께끼를 던지고 있는 듯이 보인다니, 실로 그 미소의 신비는 무엇을 말해 주는 것일까.

코페르니쿠스적 전회

16세기초에 코페르니쿠스(N.Copernicus 1473~1543)는 천체에 대해 충실한 관측을 해서 그것을 기반으로 하나의 결론에 도달했다. 그것은 이 세계도 천체와 같이 둥근 것으로서 태양을 중심으로 회전하고 있다는 이른바 지동설이었다.

본래 지동설은 코페르니쿠스에 의해 처음으로 이루어진 것은 아니며, 이미 그리스의 철학자나 과학자들에 의해서 추정되었던 것이다. 그러나 그리스도교의 세력이 확립됨에 따라서 교회는 그런 주장을 이단 사설로 몰아 부정했다. 그리고 지구는 우주의 부동의 중심이라고 하며 이른바 천동설을 내세웠던 것이다. 왜냐하면 지동설을 인정하게 되는

날에는 소박한 우주관에 의한 성서의 가르침의 대부분이 전복되며 나아가 교회의 권위가 실추될 것을 두려워했기 때문이다.

코페르니쿠스는 그러한 사정을 잘 알고 있었기 때문에 지동설에 대한 확신을 갖고 있었으나 곧바로 그 사실을 공표하려고 하지는 않았다. 그래서 그는 사망하기 직전, 그러니까 1543년에 이르러 친구의 권유도 있고 해서 이윽고 '천체의 운행에 관하여'라는 논문을 발표했다.

그러나 그때도 신중을 기해서 논문의 첫머리에는 그 당시의 법왕 파오드 3세에 대해 대략 다음과 같은 내용의 헌사(獻詞)를 썼다.

"나는 조물주가 우리를 위하여 창조한 우주에 관하여 종래의 학설이 불충분한 점을 안타깝게 여기고 옛 문헌을 조사한 바 있다. 그것에 의해 그리스의 피타고라스파(派) 철학자 등이 지동설을 주장한 것을 알게 되었다. 그래서 천체현상을 들어보기 위해서는 갖가지 상상을 허락받을 수 있다는 것을 알았기 때문에 나도 또한 지동설의 입장에서 수년간에 걸쳐 연구를 쌓아 본 결과 천체의 운행이 보다 이론적으로 해명되는 것을 발견한 것이다."

이 헌사는 분명히 자기 변호를 하고 있음을 알 수 있으며 이른바 노예의 언어로써 씌어졌다. 그러나 코페르니쿠스는 자설을 돌려서 쓰지는 않았다. 법왕은 헌사 속에서, 그가 교회의 권위에 대해 복종하고 있는 데 만족하여 그에게 아무런 탄압도 하지 않음으로써 코페르니쿠스는 평온하게 생애를 마칠 수 있었다. 더구나 법왕은 이 논문이 나왔을 즈음 매우 조용하긴 했으나 그래도 세계관이 결정적으로 180도 전회했다는 것을 알아차리지 못했던 것이다.

여기 덧붙이자면 '코페르니쿠스적 전회'를 자기 학설에 비교한 후세의 유명한 철학가가 있다. 즉 그는 칸트로서 그 말을 써서 자기의 철학적 입장을 특색있게 말한 것은 너무도 유명하다.

칸트는 인식(認識, 주관)이 대상(對象, 관객)에 의존한다는 종래의 학설에 대하여, 대상이야말로 인식에 의존한다고 설명하고 이 전회를 스스로 코페르니쿠스의 지동설의 제창과 비교했던 것이다.

그래도 지구는 돌고 있다

전항(前項)에서도 언급했지만 인간이 살고 있는 지구는 성서가 내세우듯이 우주의 중심이 아니라 태양을 따라서 도는 한 유성에 지나지 않는다는 것이 코페르니쿠스의 지동설이었다. 그러나 당시 교회는 그러한 이른바 '코페르니쿠스적 전회'의 위험을 충분히 의식하지 못했기 때문에 코페르니쿠스는 이단의 박해를 받지 않고 편안히 생애를 마쳤다. 그러나 그의 학설을 뒤이은 이탈리아의 갈릴레이 갈릴레오(Galilei Galileo 1564~1642)는 그 경우가 달랐다.

그는 피사의 사원에 달아맨 램프가 흔들리는 것을 보고 흔들이 등시성(等時性)을 발견했다. 또, 피사의 사탑에서 크고 작은 구슬들을 떨어뜨려서 낙체(落體)가 동시에 땅 위에 떨어진다는 것을 발견했다. 그뿐 아니라 소위 갈릴레오식 망원경이라는 천체 망원경을 만들어서 목성의 네 개의 위성을 발견하는 등, 그는 르네상스 인으로서의 만능을 보여준 과학자로서 숱한 일화를 남기고 있다. 그는 물리학·천문학 외에도 철학에도 뛰어났다.

그렇듯 권위있는 갈릴레이였으나 교회의 절대 권력 앞에서는 실로 보잘것 없는 존재가 되고 말았다. 그는 1633년에 코페르니쿠스의 지동설을 내세웠다가 70노객으로서 종교재판을 받아 이단으로 몰렸다. 교회는 그에게 지동설을 철회하라고 고문했던 것이다.

노과학자는 끝내 굴복하지 않을 수 없었다. 그는 재판정에서 공중이 지켜보는 가운데 지동설이 그릇된 것이라고 선언해야만 했다. 그러나 그의 마지막 말이 떨렸다고 한다.

"그래도 지구는 돌고 있다"

여하간 과학자는 진리 앞에 끝내 굴복하지 않았던 것이다. 그는 유폐된 채 그후 4년만인 1637년에 실명(失明)했고, 1642년에 사망했다. 교회는 그의 시체를 묘지에 매장하는 것과 기념비를 세우는 것도 허락하지 않았다. 그의 저서로는 ≪신과학 대화≫와 ≪천문학 대화≫ 등이 있다.

최초의 바이올린

1516년 9월 12일 프랑소아 1세는 폰텐블로의 여름 궁전에서 성대한 탄신 축연을 베풀었다. 그 축연의 자리에는 커다란 천막을 친 곳에 아름다운 차림새의 아가씨 24명이 줄을 지어 앉아서 데오르브, 루트, 비올 등의 악기를 연주하고 있었다. 참석한 왕족이나 귀빈들은 모두가 황홀하게 매료되어 있었다. 그 중에서도 비올을 연주하는 처녀는 가장 탁월한 재질을 발휘해서 그 자리에 참석한 화성(畵聖) 레오나르도다빈치를 크게 감동시켰다.

다빈치는 곧 그 처녀를 불렀다. 그리고는 로열 호반에 있는 자기 저택으로 찾아온다면, 연주하는 광경을 '음악'이라는 화제(畵題)로 그려서 프랑스 왕의 궁전에 장식하겠다며 모델이 되어주길 요청했다. 그러나 처녀는 오빠의 병을 간호해야 하므로 파리를 떠날 수 없다고 했다.

그 처녀의 오빠는 피에트로 다리델리라고 하는 현악기 제조인이었다. 그는 이탈리아의 만토바에서 이름난 악기 제조인 가계의 후손이었다. 피에트로는 자기가 파리에 가면 자기 손으로 만든 악기가 높은 평가를 받으리라는 확신을 가지고 이탈리아에서 옮겨갔다. 그러나 파리에서는 뜻밖에도 그의 악기의 가치를 인정해주지 않았다. 오히려 무명의 형편없는 악기가 판을 쳤으므로, 실의에 빠진 그는 가난까지 겹쳐서 병석에서 신음하게 되었던 것이다.

처녀는 이런 사정을 다빈치에게 들려주었다. 그는 처녀가 〈칸초네타 다 프리마베라〉를 뛰어나게 연주한 그 비올이라는 악기도 피에트로가 만든 것임을 알고, 다시금 감동해서 그를 그냥 내버려두지 않겠노라 다짐했다.

　그러던 어느 날, 다빈치는 파리 빈민가의 오막살이로 그들 남매를 찾아갔다. 피에트로는 너무도 감격해서 병석의 파리한 얼굴에도 홍조를 띠우며 자기의 야심을 밝혔다. 그는 하나의 새로운 악기에 대한 설계도까지 꺼내 보였다. 즉 지금의 비올보다도 더 짧고 곧바른 악기로서 현(絃)이 네 개밖에 없는 새로운 악기를 만들겠다는 것이었다. 또한 그 새로운 악기는 비올이 따를 수 없는 완전한 음색을 낼 것이 틀림없다고 했다.

　다빈치는 그 새로운 악기를 자기가 사겠으니 어서 만들라고 격려했다. 완성이 되면 가져가겠노라며 선금까지 걸고 돌아갔다. 피에트로는 병으로 쇠약한 몸임에도 불구하고 밤낮을 가리지 않고 새로운 악기 제작에 몰두했다. 이윽고 약속된 날 다빈치가 피에트로를 찾아 왔을 때 이미 새로운 악기는 완성되어 있었다. 그러나 병든 몸으로 악기를 만드느라 열중했던 피에트로는 중태에 빠져있었다.

　다빈치는 그의 누이동생인 카테리나에게 〈칸초네타 다 프리마베라〉 곡을 연주하라고 했다. 이윽고 그녀의 운궁에 따라서 심금을 울리는 멜로디가 흘렀다. 귀를 기울이고 있는 다빈치의 두 볼에는 어느 결엔가 눈물이 흐르고 있었다. 도저히 상상할 수 없는, 여태껏 들어보지 못한 절묘한 선율이 흘렀기 때문이다. 포플라 가지를 살며시 흔드는 바람소리같기도 하고, 치솟는 옹달샘의 물소리같기도 하며, 어린 요정이 깡총 뛰는 발자국 소리같기도 하고, 또한 사라진 청춘을 애석해하는 영혼의 탄식과도 같은 그런 모든 음률이 새로운 악기에서 흘러나온 것이다.

그런데 그 곡의 최후의 연주가 이어지던 제일현이 높고 날카롭게 울림과 동시에 끊어지고야 말았다. 놀라서 피에트로를 돌아보았을 때, 이 새로운 악기를 만든 젊은 예술가의 혼도 그가 처음으로 만든 바이올린의 현과 더불어 함께 사라져 버린 것이었다.

유토피아

우리는 유토피아라는 말을 흔히 쓴다. 유토피아란, 인간들이 마음 속으로 강렬하게 상상하며 동경하는 이상향을 말한다. 그렇다면 과연 실제로 이상향이 있다는 말인가? 어쩌면 인간은 이상향이라는 것을 오랜 옛날부터 추구해 왔는지도 모른다. 그러나 누구도 이상향을 찾거나 이루었다는 사람은 없다.

유토피아라는 말이 최초로 나온 것은 16세기초 영국의 인문주의자였던 토마스 모어(Sir Thomas More 1478~1535) 경에 의해서였다. 그는 옥스퍼드 대학에 다닐 때 그리스 어·라틴 어·신학 등 인문과학을 연구해서 탁월한 재질을 발휘했다.

그는 자기가 이상적이라고 여기는 나라의 모습을 《유토피아(Utopia)》라는 책으로 엮어냈다. 그는 그 저서를 라틴 어로 썼던 것이다. 그런데 '유토피아'라는 이름은 어디서 따온 문자인가를 들어보면 흥미롭다. 즉, 그가 그리스 어의

'ou(영어의 no)'와 'topos(영어의 place)'를 짝맞추어서 만든 것이다. 글자 그대로 'No place', 즉 아무데도 없는 나라라는 뜻이 된다.

그 당시 토마스 모어 경은 네덜란드의 인문주의자 에라스무스(D. Erasmus 1466~1536)와 더불어 온 유럽에 명성을 떨친 대인문학자였다. 그는 1504년 영국 의회의 의원으로 피선됐다. 그때 영국 왕 헨리 7세는 그의 탁월한 학식에 감탄해서 왕녀와 결혼할 것을 권유했다. 그러나 모어는 왕의 뜻을 거역함으로써 지위를 잃고 말았던 것이다.

그후 5년 만인 1509년 헨리 8세가 즉위하자 모어는 다시 지위를 회복했고, 대법관 등을 역임했다. 그가 ≪유토피아≫를 쓴 것은 1515년에서 16년까지였다. 그러나 그후 모어는 헨리 8세의 종교개혁의 뜻에 반대함으로써 런던 탑에 투옥되어 끝내는 단두대에 올랐다. 더구나 그의 머리는 옥문에 매달리는 치욕까지 당했던 것이다.

이제 ≪유토피아≫에 대해서 살펴보기로 하자. 그 책은 상하 2권으로 되어있다. 1515년에 영국의 사절로서 플란더즈에 건너갔을 때 먼저 제2권을 집필했고, 그 이듬해인 1516년에 제1부를 합쳐 벨기에의 루벤에서 라틴 어로 출판했다. 책이 나오자마자 베스트 셀러가 되었으며, 1530년에는 영역(英譯)보다 앞서서 불어(佛語)로 번역되었다. 이어서 독일어·이탈리아 어·스페인 어로 번역되었으며, 영역본이 나온 것은 그가 죽은 지 16년 만인 1551년에 레이프 로빈슨에 의해 번역되었다.

《유토피아》를 쓴 모어는 안트워프의 거리에서 한 포르투갈 선원을 만나 그에게서 유토피아라는 섬에 관한 얘기를 들었다는 식으로 이 책을 엮었다. 그런데 그 선원은 이탈리아 인 아메리고 베스풋치(아메리카라는 명칭은 그의 라틴 어 이름에서 유래한다)를 따라 세번째의 신대륙 탐험 항해에 갔다가 돌아오는 길에 유토피아 섬에 들렀다고 하고 있어서, 시대적인 배경을 반영하고 있다.

유토피아 섬은 빈곤이라는 게 없으며 금전도 없다. 다야몬드며 진주 따위는 한낱 장난감이며, 그런 것을 탐내는 일도 경멸된다. 나태는 죄가 되지만 그러나 하루 여섯 시간만 일하면 충분하고 나머지는 독서·음악 감상·고상한 얘기들을 하며 지낸다. 육체의 건강이 중시되기 때문에 질병은 죄가 된다. 교육에 있어 남녀 평등이고, 종교는 최대로 보장된다. 절대로 전쟁을 않으며 군비(軍備)가 없다. 만약 불가항력일 때는 외국의 용병으로 나라를 지킨다. 그러나 전쟁을 해서 인명을 살상하는 것보다는 미리 돈을 쓰거나 적의 지도자를 암살해서 전쟁을 미연에 방지하는 게 좋다고 보고 있다. 바로 이러한 비현실적이고 환상적인 세계를 다루고 있는 게 《유토피아》다.

플라톤의 《공화국》이래 오늘에 이르기까지 이상향을 묘사한 문학은 많다. 토마스 모어 경의 《유토피아》도 실상은 플라톤의 《공화국》, 성 아우구스티누스의 《신의 나라》 등의 영향을 받은 것이다. 모어 이후에는 캄파넬라(T. Campanella 1568~1639)의 《태양의 나라》가 있다.

최근의 것으로는 사무엘 버틀러의 《에리휜(Erewhon)》
과 H.G. 웰즈의 《근대 유토피아》 등을 들 수 있다고 본
다.

버틀러의 《에리휜》도 이상향의 이름인데, 흥미로운 것
은 영어의 Nowhere(아무데도 없는 곳)라는 단어를 거꾸
로 엮어서 만든 단어라는 점이다.

스페인 어에 '엘도라도(El Dorado)'라는 말이 있다. 이
말은 16세기경에 이상향을 나타내는 말로 쓰였다. (뒤의
항목을 참고할 것)

옛날에 신선이 살았다고도 하는 동양 사상의 이상향은
'무릉도원', 또는 '도원경'이라고 부르는 곳이기도 하다. 중
국 무릉현 무릉산 기슭 원강(沅江) 변에 복숭아꽃이 만발
한 곳에서 진(秦)나라 때 난리를 피해 온 사람들이 서로 화
목하게 살았다고 하며, 시인 묵객(詩人墨客)이 경승을 노래
하고 그렸다는 명승지다.

또한 그것에 필적하는 서양의 고전적 낙토(樂土)는 그리
스의 펠로폰네소스 산 속의 아르카디아(Arcadia)로서 아
름다운 목가가 흐르는 전원의 이상향으로서 문학작품에 묘
사되고 있다.

영화화된 바 있는 제임스 힐튼의 《잃어버린 지평선》에
묘사된 생그릴라(Shangrilla)도 이상향을 뜻하는 곳이다.
그래서 그 말을 일반적으로 쓰며, 미국 공군에서는 아군 비
밀기지를 생그릴라로 부른다고도 한다.

토마스 모어 경은 청년시대에 법률을 연구하는 한편 수

도승 생활을 하며 심신의 수업을 했는데 그는 항상 살갗을 찌르는 털옷을 아랫도리에 걸쳤다고 한다. 그런데 모어가 네덜란드에서 영국으로 건너온 에라스무스를 처음 만난 것은 20세 청년 때였다고 한다. 그들이 서로 만난 자리는 런던 시장이 베푼 어떤 연회석이었다는데, 그들은 서로가 첫 인사를 나누기 전에 이렇게 상대방을 일컬었다고 한다.

"자네가 모어가 아니라면 그 아무도 아닐세."

이렇게 에라스무스가 모어에게 말하자 모어도 멋지게 맞섰다.

"자네가 에라스무스가 아니라면 악마일세."

두 사람은 의기투합하여 손을 맞잡았다는 일화다.

콜롬부스의 달걀

콜롬부스(C. Columbus 1451?~1506)가 신대륙을 발견하고 돌아왔다. 온 국민은 거국적으로 그를 개선장군처럼 맞이해 주었다. 그러나 남이 잘 되는 것을 시기하는 무리는 어디고 있는 법. 그의 폭발적인 영웅같은 인기를 시기하는 자들이 어떤 연회석상에서 신대륙의 발견쯤 아무것도 아닌데 떠든다고 논하면서, 단지 배를 서쪽으로 달리게 해서 우연히 마주친 데 불과하다고 비꼬았다.

그러나 콜롬부스는 대답했다.

"그렇다. 나도 이번 발견을 대수롭게 여기거나 자만하지는 않아. 다만 최초로 착안했다는 것만을 공적이라고 여기는 데 지나지 않지."

콜룸부스는 이렇게 말하더니 식탁 위에 있던 달걀 한 개를 집어들고 주위 사람들에게 세워보라고 내밀었다. 모두들 애썼지만 아무리 해도 달걀을 세우지는 못했다. 그러자 콜룸부스는 달걀을 집어들었다.

"그다지 어려울 것은 없지. 내가 하는 것을 보라고."

그는 달걀 한 끝을 툭 깨며 식탁 위에 곧바로 세웠다.

"그거야 누가 못한담!"

좌중에서는 이렇게 비웃었다. 그러자 콜룸부스는 다시 입을 열었다.

"물론 누구든지 다 할 수가 있어. 그렇지만 자네들은 누구도 이런 방법을 생각지 못했지. 나만 생각했어. 신대륙의 발견도 이것과 똑같은 거야. 아무것도 아니지만 누구든지 제일 먼저 착안한다는 것이 문제지."

일동은 고개를 끄덕이지 않을 수 없었다는 유명한 일화다.

콜룸부스가 아메리카 대륙을 발견한 것은 그의 네번째 항해인 1502년에서 1504년 사이였다. 그는 아메리카 대륙의 온두라스(Honduras), 파나마를 발견했으나 자메이카에서 조난당하여 귀국했다. 그러나 안타까운 일이라면 죽을 때까지 아메리카를, 동양의 인도의 일부를 발견한 것으로 여긴 것이었다.

부연하자면 미대륙의 원주민을 아메리카 인디언이라고 하는 것은, 그가 아메리카를 오인하여, 스페인 국왕에게 제출한 보고서에서 원주민을 인도 인, 즉 '인디언'이라고 했기 때문에 오늘에 이르기까지 그렇게 부르게 된 것이다.

엘도라도

16세기에 스페인 탐험가 프란시스코 오렐라나에 의해서 남미 아마존(Amazon) 강과 오리노코(Orinoco) 강 사이에서 발견됐다고 하는 가공적인 나라 황금향(黃金鄕)을 말한다. 원어는 스페인 어로서 '황금의 사람'이라는 뜻이다. 황금인이라는 유래는 남미 보고타 고원에 사는 토인 치부챠 족의 풍습에 의한다. 즉 그 부족의 추장은 종교적인 의식으로서, 온 몸에 금가루를 바르고 호수에 들어서서 제물을 바친 뒤에 호숫물로 금가루를 씻어버리는 행사를 했다고 한다. 그런 풍습이 유럽에 전해짐으로써 그들은 황금향에 대한 꿈을 꾸기 시작한 것이다.

15세기에 비롯된 유럽 인들에 의한 지리상의 발견과 함께 당초 마르코폴로(Marco Polo 1254~1324)의 ≪동방견문록≫ 등에 의해서 황금 전설이 유발되었기 때문에 남미의 황금향에 대해서도 응당 큰 관심사였을 것이다.

앞서도 밝혔지만 16세기초에 먼저 스페인 사람 오렐라나가 엘도라도의 탐험을 시작했다. 잉카 제국의 정복자 피사로도 안데스를 넘어 탐험대를 파견했으나, 그들은 단지 아마존 강을 따라가면서 여인족을 발견해서 강 이름만을 지었을 뿐 다른 큰 소득은 없었다. 영국의 정치가며 저술가요 동시에 모험가였던 월터 롤리(Sir Walter Raleigh) 경의 경우는 두 번씩이나 탐험했으나 역시 실패로 끝나고 말았다.

본래 황금향이라고 하는 것은 인간의 황금에 대한 동경의 소산일 따름이다. 그러므로 그런 전설과 문학 작품도 많이 나올 수밖에 없다. 밀턴의 ≪실락원≫이나 볼테르의 ≪칸디도≫에도 황금향을 터치한 대목이 있다. 또한 미국의 시인이며 작가였던 에드가 알란 포우에게도 '엘도라도'라는 시가 있다.

한 기사가 노래를 부르며 엘도라도를 찾아 길을 떠난다. 그러나 머지않아 기진맥진해서 엘도라도를 찾지 못하고 만다는 내용이다. 그 내용은, 말하자면 미국 캘리포니아에서 골드 러시가 일어나자 황금을 캐려고 곳곳에서 사람들이 캘리포니아에 몰려들었던 사실을 풍자한 것이라고 보겠다.

그런데 황금향의 전설을 낳은 아메리카 대륙의 원시문명은 수수께끼에 싸여있다고 보인다. 만족스러운 문자가 없는데다가 그 민족마저 산지 사방으로 흩어져 버렸으므로 고고학적인 유물로써 밖에는 판단할 방법이 없기 때문이라 하겠다.

중미에서 남미에 걸쳐 번영했던 이 특수한 문명은 베링 해협이 육지로 연결되었던 시대에 시베리아에서 이주한 몽고 계 인종으로 여겨지는 종족들에 의해 건설되었다. 그 발생은 문명 발상지로 불리는 메소포타미아나 이집트에 비해서 거의 4천 년이나 뒤져있다. 아메리카 문명이 그와 같이 뒤늦게 발생한 것은 자연적 조건으로 타 대륙과 단절된 데다가, 쌀이나 보리같은 능률적인 식량이 없이 단지 옥수수에만 의존했던 일, 그리고 가축으로 이용할 동물이 적었다는 데 기인한다고 보겠다.

중미의 유카탄 반도에 발생한 마야 문명은 6세기경부터 수세기 동안 번영한 것으로 보인다. 독특한 피라미드며 천문대를 만들었고, 일종의 그림 문자를 썼으며, 또한 그들 나름대로의 달력을 사용했다는 것을 알 수 있다.

그러나 아직도 그 당시의 문자가 해독되지는 못하고 있다. 유적에는 기괴한 형식의 조각들이 많다. 만물의 창조신·군신(軍神)·우신(雨神)·사신(死神) 등 여러 가지 선악의 신이 보인다. 특히 옥수수신(神)이 자주 보이는 것은 그네들이 얼마나 농업을 중요시했는지 알 수 있게 한다. 또한 마야의 사회에는 신관(神官)이 동시에 정치적 지배자이기도 했던 것으로 보인다.

마야 문명은 1200년경 멕시코 평원에서 침입한 인디언 때문에 멸망했다. 그후 멕시코의 아즈텍 족이 그 뒤를 이었으나 16세기 전반 스페인 탐험가 코르테스에 의해 멸망했다. 그때 최후의 왕인 몬테스마 1세는 스페인 사람들의 잔인한 살육 행위에 울부짖으며 "신들은 (피에) 목말라 있다"고 했다는 것이다. 그 말은 후일 프랑스 혁명의 공포정치 하에서 카뮈 데무랑이 다시 썼다. 후세로 내려오면 아나톨 프랑스가 공포정치를 묘사한 소설에서 그 말을 제목으로 쓴 바 있다.

아즈텍 문명과 더불어 남미의 페루 일대에는 잉카 제국이 성립되어 있었다. 쿠스코를 중심으로 한 그 국토는 안데스 산맥의 경사지대였기 때문에 대규모의 돌축대 공사를 통해 층층의 산전(山田) 경작을 하고 있었다.

신전과 궁전에도 거대한 돌들을 사용했다. 그러나 그들은 수레를 이용할 줄 몰랐기 때문에 토목공사에 사용한 그 돌들을 거의 인력으로 운반하고 다루었다는 것이 놀랍다. 아직 문자는 발명되지 않았으나 실의 색깔이나 매듭을 기호로 씀으로써 어느 정도의 의사 표시를 했던 모양이다. 잉카의 사회제도에 대해서는 여러 설이 있으나 수호신인 태양신·국왕·백성으로 각기 신분이 구분됐다고 한다. 국왕은 태양신의 아들로 숭배되고, 그는 사제장인 동시에 정치적·군사적인 권력을 장악하고 있었다. 말하자면 잉카를 가리켜 '태양의 제국'이라고 하는 연유가 그것이다. 백성들은 평생 자기에게 주어진 직업을 천직으로 삼았으며, 이주의 자유가 없었던 것 같다. 또한 그런 사정은 동양이나 고대 아시아 사회와 일맥 상통한다.

잉카 제국도 16세기 전반에 스페인 인에 의해 정복되어 백성들은 분산되었고 사회조직이나 문화도 소멸되고 말았다.

마야 및 잉카 문명의 기원에 대해서는 크게 나누어 두 학설이 있다. 하나는 외래설이며 또 하나는 독립 자생설이다. 외래설에 따르자면 그들의 문명은 태양 숭배, 피라미드를 비롯한 거석(巨石)문화, 관개경작(灌漑耕作), 미라의 풍습 등 이집트 문명과 공통적인 점으로 미루어 이집트 고대 문명이 동방으로 이동해서 인도, 인도지나, 태평양을 건너 아메리카 땅에까지 전파되었다는 것이다. 극히 대담하고 흥미로운 주장이나 그것을 번복시킬 증거가 불충분하므로 어쩔 수 없는 노릇이다. 그러나 대개의 경우는 독립자생설이 지배적이다.

여하간 그다지도 거대한 문명이 오늘에 이르기까지 숱한 불가사의를 지닌 채 침묵 속에 잠겨있다는 점은 학문적으로 커다란 흥미를 자아낸다 하지 않을 수 없다.

파뉴르쥬의 양(羊)

프랑소아 라블레(François Rabelais 1494?~1553)는 프랑스의 소설가이며 승려이고 의사이기도 했다. 그는 종교 개혁 초기의 복음주의 운동에 참가해서 카톨릭 교회의 부패를 공격했다. 또한 신교의 불관용(不寬容)도 공격함으로써 평생 박해 속에 살았다. 그는 합리주의에 입각해서 과학을 옹호했고, 인간 해방을 주장함으로써 활발하게 르네상스의 사상을 고취했던 인물이다.

더구나 그는 풍부한 언어 표현과 독자적인 풍자로 당시의 사회·종교 및 교육을 묘사한 작품을 썼다. 그 중에서도 대표작은 ≪가르강튀아와 팡타그뤼엘(Gargantua and Pan -tagruel)≫을 들 수 있다.

파뉴르쥬의 양이란 앞에서 말한 그의 대표작 중 제4권에 있는 일화다. 파뉴르쥬란 그가 만들어 낸 독특한 인간형이다. 고약하고 비꼬며 교활한 데다 거짓말쟁이요, 뻔뻔스럽고 죽음밖에는 겁내는 게 없는 위인이다. 게다가 비상하고

기지에 넘쳐 인간이 행할 수 있는 모든 악이란 악을 여봐란 듯이 해내는 존재다.

배의 갑판 위에는 수많은 양떼가 몰려 있었다. 양을 해상 수송하는 중이었다. 양떼의 임자인 상인 단도노는 파뉴르쥬의 보잘것 없는 몰골을 보고 모욕스러운 언사를 농했다. 파뉴르쥬는 속으로 분통이 터졌으나 꾹 참고 오히려 듣기 좋은 말로 상인을 꾀었다. 복수를 위해서였음은 두말할 나위도 없다. 그래서 터무니없는 비싼 값을 주고 제일 큰 우두머리격인 양을 샀다.

그리고는 두말 않고 울부짖는 양을 바다속으로 내던졌다. 그랬더니 양떼는 모두 다 같은 소리로 울면서 바다속으로 뛰어들었다. 왜냐하면 양은 우두머리 양의 행동을 따르는 습성이 있기 때문이다. 상인인 단도노는 최후의 양의 꼬리를 잡아당기다가 그만 함께 바다에 빠져 버리고 말았다.

파뉴르쥬의 복수는 그와 같이 이루어진 셈이었으니……

플루타르크(Plutarch)의 《영웅전》을 보면 늙은 카토의 말이 있다. 즉,

"로마 인은 양을 닮았다. 양은 한 마리일 때는 양치기를 따르지 않으나, 무리를 짓게되면 서로에 대한 애정에서 우두머리가 되는 양을 따라 그 뒤를 줄줄 따라가게 마련이다. 그렇듯이 그대들도 무리져서 끌려가는 것이다."

이와 같은 것이 있다는 것도 한데 엮어둔다.

라블레의 15분

이 말은 음식점이나 술집에서 자리를 털고 일어설 때 내줄 돈이 없어 쩔쩔매는 순간을 비유하는 것이다. 전항에서 언급한 바와 같이 16세기의 대가 프랑소아 라블레에게는 다음과 같은 일화가 있다.

라블레는 당시 프랑스 왕 프랑소아 1세의 어명으로 로마에 사절로 갔다가 그곳에서 6개월간 체류했다. 그후 귀국길에 올랐는데 리용까지 왔을 때 여비가 몽땅 떨어져서 어쩔 수 없이 호텔에 발이 묶이고 말았다. 물론 자신의 신분을 밝혔다면 문제가 없었을 것이나 그러고 싶지 않았기 때문에 그는 조용히 타개책을 궁리했다.

15분간을 생각한 끝에 이윽고 한 계획을 세워 궁지에서 벗어난 것이다. 즉 그는 누가 보든지 정체가 발각되지 않도록 변장을 했다. 그리고는 자기는 오랜 연구 여행에서 돌아온 저명한 의사인데 지금까지 연구한 결과를 발표하겠노라며 호텔 관계자에게 리용의 의사들을 모두 불러모으라고 했다. 그는 목소리까지 변성을 해서 모여든 의사들 앞에서 의학상의 극히 어려운 문제에 관해 무게있는 강연을 했다.

모두들 경탄해서 라블레의 얘기를 듣고 있었다. 그러자 그는 느닷없이 제 손으로 방안의 창문을 모두 닫더니, 절대로 소문을 내지 말라고 하고는 중대한 비밀을 공개하겠다는 것이었다. 일동은 긴장한 채 귀를 모았다. 그는 그들 앞에다 약 비슷한 것을 두 포(包) 꺼냈다. 그 약포에는 각기

'왕에게 줄 독약', '왕비에게 줄 독약'이라고 씌어있었다.

"나는 지금까지 이탈리아에 가서 독약에 관한 연구를 했는데 극히 미량으로 순식간에 사람을 죽일 수 있는 강력한 독약을 만드는 데 성공했소. 더구나 이 독약은 어떠한 해독제도 듣지 않는 걸작이오. 나는 이제 이 독약을 가지고 파리에 가서 국왕과 왕비와 그 자식들에게 줄 작정이오. 여러분을 위해서 그 폭군을 제거하겠단 말이오. 백성의 고혈을 빨아먹고 우리 프랑스를 삼키고 있는 그 비인간적인 왕가를 근절시키고 말겠소."

이렇게 라블레는 장광설을 늘어놓았다. 그 말을 듣던 일동은 서로 놀라서 하나씩 슬금슬금 그 자리에서 빠져나갔다. 이윽고 그 자리에는 라블레 한 사람만이 남게 되었다. 얼마 안 있어 경찰이 그 호텔을 포위해서 그 무시무시한 독살 계획자를 체포하였다. 물론 엄중한 경계 속에 라블레는 호송되기에 이르렀다. 더구나 그는 중대한 범인으로서 정중한 대접을 받으며 리용의 시비(市費)로 호사스런 생활까지 누리는 여행을 한 셈이다.

프랑소아 1세는 중대 범인을 체포했다는 보고를 받고 직접 범인을 만나 보았다. 그제야 비로소 라블레는 자신의 변장을 풀고 변성도 고쳤다. 왕은 놀라지 않을 수 없었다. 그는 자초지종을 국왕에게 아뢰었다. 그러자 국왕은 그의 기지에 경탄하여 오히려 칭찬하며 술을 냈다. 리용의 관리들은 국왕으로부터 열렬한 충성심에 대해 칭찬받을 것으로 기대했으나 뜻밖의 사태에 직면하여 어리둥절해 했다는 에

피소드다.

악화는 양화를 구축한다

이 말은 우리가 잘 아는 그레샴(Gresham)의 법칙이다. 즉 '양화와 악화가 동일한 명목 가치(名目價値)를 가지고 경제 사회에 유통될 때는 악화가 양화를 구축한다'고 하는 통화유통상의 일반적 법칙이다.

좀더 쉽게 풀이해 본다면 품질이 나쁜 화폐가 나돌면 품질이 좋은 화폐는 거래상에 있어서 그 모습을 감춘다는 뜻이다. 이를테면 여기 백 원짜리 은화 두 종류가 있는데 모두 유통되는 화폐라고 치자. 그런데 그 두 종류의 백 원짜리 은화는 둘 다 화폐의 표시치가 똑같은 백 원이지만, 은의 함유량에 차이가 있어서 한 종류의 백 원짜리 은화가 다른 종류의 백 원짜리 은화보다 본질적으로 가치가 높다고 친다. 그러면 두말할 나위없이 가치가 높은 화폐가 양화이고 다른 화폐는 악화인 것이다. 또한 그러한 두 종류의 화폐가 어떤 사회에서 통용되고 있다면 사람들은 자연히 양화를 자기 손에 움켜쥐고 쓰지 않을 것이요, 남에게 지불할 때는 악화를 사용하게 될 것이다. 그래서 상거래에 있어서 양화는 자취를 감추고 악화만이 나돌게 될 것이니, 그게 바로 악화가 양화를 구축하는 현상이다.

토마스 그레샴(Sir T. Gresham 1519~1579) 경은 16세기 중엽 영국 엘리자베스 여왕 때에 앤트워프에 주재하던 상무관이며 런던의 주식거래서의 창립자였다. 그의 법칙은 하나의 명언으로 여겨지고 있다. 그가 그 말을 쓴 것은 1558년 엘리자베스 1세에게 재정 문제에 관한 자문을 하는 편지의 첫머리에 밝혔던 것이다.

그가 지적한 것은 화폐 전체 양이 그 경제사회가 필요로 하는 것 이상에 달했을 때는 명백히 그러한 작용을 일으키므로, 본위화폐와 보조화폐와의 사이, 경화와 지폐와의 사이에도 행하여진다는 점이다.

부연하자면 양화는 저장되거나 용해되며 혹은 국외로 유출되어 국내 유통 사회에서는 찾아볼 수 없게 된다. 그러므로 금화 등 양화를 화폐로서 사용하는 것보다는 지금(地金)으로 사용하는 것이 국가의 이익이 된다는 사실이다.

이러한 그레샴의 법칙은 금화나 은화가 유통되던 시대의 것으로서 오늘의 화폐 사용에는 큰 의의가 없다. 다만 그의 법칙은 금융에서 뿐 아니라 일반적인 사회 현상에도 더러 적용이 되고 있다고 본다.

나는 영국과 결혼했다

영국은 여왕 시대에 발전했다고 한다. 특히 그 실증이 되는 것은 엘리자베스 1세(1558~1603)와 빅토리아 여왕(1837~1901) 등 두 여왕의 시대라 하겠다.

엘리자베스 1세는, 왕비를 여섯 번이나 맞이했던 것으로 유명한 헨리 8세의 딸이다. 엘리자베스의 어머니인 두번째

왕후 앤볼린은 헨리 8세의 총애를 잃고 부당하게 런던 탑에 투옥되었다가 처형당했다. 헨리 8세가 죽은 뒤 엘리자베스의 이복 언니 메어리가 여왕의 자리에 올랐다.

신교도 박해로 '피를 즐기는 메어리'라고 악명높았던 메어리 1세는 엘리자베스를 미워해서, 앤볼린의 경우와 마찬가지로, 엘리자베스를 런던 탑에 유폐시켰다. 그러나 메어리가 죽자 엘리자베스의 불행은 끝나고 곧 영국 여왕의 자리에 올랐다. 총명한 데다 학문을 즐기며 음악을 애호한 여왕은 즉위하자마자 전대의 구교주의를 폐지하고, 헨리 8세 때의 수장령 및 통일령을 부활시켜 영국의 국교를 확립했다.

특히 대외적으로는 1587년에 22만 크란으로 칼레(Calais) 시를 프랑스에 양도했고, 스코틀랜드 여왕을 사형에 처했으며, 스페인의 구교파에 대해 단호한 태도를 취했다. 특히 1588년에는 스페인의 무적함대를 격파해서 필립 2세의 야망을 꺾고, 그때부터 영국을 세계 제일의 해군국으로 부상시키는 등 번영의 기초를 닦았다. 또한 문예정책에 크게 힘써 셰익스피어 등 저명한 문인을 배출시킨 것도 괄목할 만한 치적이라 하겠다.

그러기에 그 시대의 문화를 가리켜 엘리자베스 시대라고 일컬을 만큼 획기적인 융성을 꾀했다. 당시 셰익스피어 이외에도 에드먼드 스펜서, 벤 존슨, 철학으로는 프란시스 베이컨 등이 기라성처럼 빛났다.

그 당시에는 유럽 각국의 왕가가 상호간에 정략적인 결혼을 하는 세습이 만연하였으므로 응당 그녀에게도 수많은

국내외의 구혼자들이 등장했다. 그러나 엘리자베스 1세는 청혼을 거절하고 독신을 지켰다. 즉,

"나는 영국과 결혼했다."

이런 여왕을 가리켜 처녀왕이라고 일컫기도 한다. 물론 여왕 자신이 남성에게 관심이 없었던 것은 아니다. 그와 같은 사실은 다음의 실례로서도 알 수 있다.

우선 월터 롤리를 들 수 있다. 우아하고 재기넘치는 이 청년은 진흙길 위에다 새로 해 입은 자기 망토를 벗어서 깔고 여왕을 걷게 한 유명한 일화가 있다. 그는 이런 보기 드문 수단까지 써서 여왕의 환심을 샀던 것이니, 역시 그녀도 일개의 여성으로서 어쩔 수 없는 감정에 휘말려야만 했다.

아무튼 그는 여왕의 총애를 한몸에 받아 궁정에서 조신(朝臣) 노릇까지 했고, 1584년에는 나이트(Knight)의 칭호까지 받았다. 그후의 롤리에 관한 재미있는 일화 하나를 곁들이기로 한다.

롤리는 신세계인 미국에 탐험을 갔다가 돌아올 때 인디언들이 피우던 담배를 처음으로 가지고 왔다. 자기 저택에서 롤리가 담배를 피우고 있을 때였다. 별안간 하인이 물 한 통을 그에게 끼얹으며,

"불이야!"

하고 소리쳤다. 웃지 못할 일화이나, 그때까지 영국에는 담배가 없었기 때문에 그 하인은 롤리의 입에서 연기가 나는 것을 화재가 난 것으로 여겼던 것이다. 다음 항목에서 롤리에 관한 것을 더 엮기로 한다.

거센 약이지만 틀림없이 잘 들을 것이다

영국 헤이스(Hayes) 태생인 롤리는 옥스퍼드(Oxford) 재학중인 17세 때 프랑스 내란에 출전해서 신교도를 돕고자 위그노(Huguenot)를 후원하였다. 1580년에는 아일랜드의 폭동을 진압하여 공을 세웠다. 그래서 전항에서 언급했듯이 1582년에는 궁정에 나가 일하면서, 잘 생긴 외모와 재질을 발휘해서 처녀왕 엘리자베스 1세의 총애를 한몸에 받았던 것이다.

그가 미국 땅을 탐험하러 간 것도 실상은 여왕에 대한 충성심의 발휘였다고도 보겠다. 왜냐하면 그가 북미 땅에다 건설한 식민지 버지니아(Virginia)라는 명칭은 '처녀지'를 뜻하기 때문이다. 앞서도 말했지만 그가 귀국할 때 담배와 감자를 가지고 온 것도 문화사적으로 특필할 만한 것이다.

그후에도 그는 스페인의 무적함대를 무찌를 때 아르마다(Armada) 해전에서 해장(海將)으로서 큰 공을 세우기도 했다.

그러나 1603년 여왕이 죽고난 뒤, 특히 그의 생애는 비극적이었다. 그는 제임스 1세가 등극한 뒤에 모반의 혐의를 받아 런던 탑에 유폐되어 12년간 옥고를 치렀다. 그러나 그 동안에도 그는 ≪세계사≫를 집필했다. 1616년에 석방된 그는 왕명을 받아 남미의 아마존 강과 오리노코 강 사이에 있다는 전설적인 황금향 엘도라도('엘도라도' 항목 참고)로 갔다.

그러나 그는 탐험에 실패한 데다가 스페인 군과 싸우지 말라는 칙명을 어기고, 기아나(Guiana)에서 스페인 군과 회전하고 돌아왔다. 그러자 왕은 크게 비위가 거슬려서 다시 그를 런던 탑에 유폐시켰다가 마침내는 사형을 선고했다.

롤리는 여러 모로 탄원하며 구명에 힘썼다. 그러나 허사로 돌아가 이윽고 사형 집행을 당하게 되었다. 그는 형 집행인의 도끼를 보자 미소지었다.

"거센 약이지만 틀림없이 잘 들을 것이다."

그는 이렇게 말하면서 일대의 위세가(威勢家)요 모험가에게 어울리는 최후를 마쳤다.

그대에게 더욱 필요한 것

이것은 유명한 얘기다.

필립 시드니 경(Sir Philip Sidney 1554~1586)이라고 하면 엘리자베스 1세 시대의 공신으로서 문무(文武)에 함께 뛰어난 인물이었다. 그는 정치가이며 시인인 동시에 군인인가 하면, 고전 문학과 프랑스, 이탈리아, 스페인 어 등에도 능통한 어학력을 지닌 탁월한 존재였다. 그러기에 그를 가리켜 '르네상스가 낳은 영국 신사 중의 꽃'이라고 일컬었던 것이다.

노삼벌란드 공(公)의 손자로 명문 출신이었던 시드니는 젊어서는 유럽 대륙에 유학했다. 귀국 후에는 백부인 레스터 백작과 함께 신교를 믿는 여러 나라와 동맹을 맺는 데 힘썼다. 그 당시 레스터 백작은 여왕의 총신이었는데 신흥 국가인 영국은 스페인과 싸우고 있었다. 영국 군의 총수인 레스터 백작과 함께 오늘날의 네덜란드 지방에 출전한 시드니는 1586년 9월 22일 즈트펜 성(城) 밑에서 싸우다 중상을 입고 후송 도중에 숨졌다.

그런데 그 당시의 일화가 유명하다. 그가 중상으로 후송되던중 때마침 총수인 레스터 백작이 있는 자리에서였다.

시드니는 심한 출혈 때문에 목이 말라서 견딜 수 없어 물을 달라고 했다. 물통을 받아 쥔 시드니가 그 물을 마시려고 했을 때, 역시 빈사 상태의 중상을 입은 한 병사가 말 한 마디 못하고 부러운 듯이 시드니가 들고 있는 물통을 바라보고 있었다. 그것을 알아차린 시드니는 자기가 막 마시려고 받아쥐었던 물통을 그 병사에게 넘겨주었다.

"그대에게 더욱 필요한 것일세."

이렇게 시드니는 죽음에 직면해서도 의인다운 전우애를 발휘했던 것이다. 이런 감동적인 일화는 풀크 그레빌이 쓴 《시드니의 전기》에 전해지고 있다.

그는 생전에 스펜서, 브루노 등의 문인과 교우했으며 사후에 그의 유고가 나옴으로써 시인·비평가로 높이 평가되기도 했다. 그의 시집으로는 《아스트로펠과 스텔라》·《아카디아》 등이 있다.

약한 자여, 그대 이름은 여자니라!

이 유명한 말은 말할 것도 없이 햄릿의 독백이다. 세익스피어(William Shakespeare 1564~1616)의 희곡 중에서 가장 유명한 비극이라면 역시 ≪햄릿(Hamlet)≫이라고 하겠다. 그 희곡 속에 나오는 대사 중에는 사람들에게 회자(膾炙)되는 것이 매우 많다. 물론 표제의 말도 우리의 입에 오르내리는 것 중의 하나다.

새삼스럽게 ≪햄릿≫의 줄거리를 살필 필요가 없으므로 생략하겠다. 여하간 덴마크의 왕자 햄릿은 부왕의 죽음이 숙부인 현재의 왕 클로디우스(Claudius)의 독살 때문이었음을 망부(亡父)의 유령에 의해서 알게 된다. 숙부가 왕위를 찬탈한 것이 햄릿에게는 물론 큰 충격이었지만 더욱 큰 충격은 어머니 거투루드가 다시금 숙부의 품에 안기게 된 사실이었다. 그러한 어머니의 처사야말로 이상주의자인 햄릿의 상심을 더욱 크게 자아내어 번민케 한다.

그러면 여기서 햄릿의 독백을 들어보자.

'아아, 이 더러운 몸뚱이, 녹고 녹아서 이슬이 될지어다. 오히려 자살을 큰 죄로 마련하신 신(神)의 계명이 없었다면 말이다. 아, 어찌할 것이랴. 이 세상살이야말로 진저리가 나누나. 짓궂고 맞대가리 없고 모든 게 귀찮도다! 에이 될 대로 되거라. 뜰에는 잡초 투성이가 멋대로 열매를 맺고, 온 둘레엔 코를 찌르는 악취구나. 이렇게 되고 말 줄이야. 겨우 두 달, 아니지 아직 두 달도 못 돼.

홀륭하신 국왕이셨어. 그 아버님께 비한다면 그 녀석(클로디우스)
은 천양지차가 있지. 아버님은 얼마나 어머님을 끔찍이 위하셨던
가. 바깥바람을 쐬실새라 그다지도 어머님을……. 어찌된 노릇이
지, 그런 것까지도 되뇌이게 되었단 말이냐? 음, 그 무렵에는 아
버님의 가슴팍에서 넘쳐나오는 애정의 샘을 한 방울도 남김없이
마시려 찰싹 달라붙어 떨어지려 하지 않았던 어머님. 더욱이 해를
거듭할수록 깊어지는 그리움에 몸을 담겼던 어머님. 그런데 겨우
한달, 차라리 말을 말자. 약한 자여, 그것이 여자란 말인가! 고작
한달, 그렇게 담뿍 눈물에 젖어 영구를 따라 무덤까지 갔던 그때
의 신발이 채 닳기도 전에 어머니가, 그 어머니가 어찌했던가. 아,
사리를 분간 못하는 짐승조차도 남편이 죽으면 좀 더 비탄하는 것
인데도……. 그 숙부의 가슴팍에 몸을 안기우다니…….' (제1막 제
2장)

말하자면 이상주의자 햄릿이 여자의 부정을 꼬집어서 지
조가 없는 것을 힐난한 대목이 바로 '약한 자여, 그것이 여
자란 말인가!'라는 탄식이다. 그러니까 그 뜻을 바로 해석
한다면 우리가 함부로 그 말을 회자하거나 인용한다는 것
은 오히려 그 명구를 오용하는 결과가 된다고 하겠다.

살 것이냐 죽을 것이냐, 그것이 문제로다

이것 또한 말할 것도 없이 햄릿의 독백이다. 제3막 제1
장에 나온다. 즉 원문으로는 다음과 같다.

'To be, or not to be, that is the question.'

이 명구를 소개하는 데 있어, ≪햄릿≫의 내용을 잘 모르는 독자를 위해 간략하게 줄거리를 엮기로 한다. 즉, 덴마크 왕의 망령이 그의 아들인 왕자 햄릿 앞에 나타나서, 자기를 죽이고 왕비를 빼앗은 동생인 현재의 왕 클로디우스에 대한 복수를 권유하게 된다.

왕자는 거짓 미치광이가 되어 연극을 통해 왕의 상태를 살피고 망령의 말이 진실임을 깨닫는다. 그의 애인 오필리아(Ophelia)는 아버지가 왕자에게 죽임을 당한 것을 슬퍼한 나머지 광사(狂死)하고 만다. 그녀의 오빠 레어티즈(Laretes)는 아버지와 누이동생의 원수를 갚기 위해 왕자에게 도전한다.

왕은 그것을 알고 두 사람에게 칼싸움을 시킨다. 그것을 안 왕비는 왕이 왕자를 위해 마련한 독배를 스스로 마시고 죽는다. 레어티즈는 왕자를 죽이고 동시에 그와 국왕도 죽는다는 줄거리다.

여하간 햄릿은 어머니의 욕정을 깨닫고 구토를 느끼며 또한 아버지의 원수를 갚아야 한다는 심각한 문제에 직면하여 오히려 살아있다는 것이 고통스러웠다. 그렇다면 자결해서 그런 번민을 벗어나 버릴 것인가. 스스로 죽음을 택함으로써 지금의 고통에서 벗어날 수 있다면, 죽음이란 햄릿 자신에 있어서 바라는 것은 아니로되 구원이리라. 그러나 죽음으로써 문제가 해결될 수 있다는 보장은 없는 것이다. 자칫하면 고민만을 영원 속에 간직할지도 모를 일이다.

아니 사후의 세계란, 그곳으로 떠나간 사람은 그 아무도 돌아오지 못했으니 절대 불가지(不可知)의 세계다. 그렇기 때문에 햄릿은 스스로 죽음을 택하지도 못하는 것이다. 그래서 그의 번민에 찬 독백은 계속된다.

　'살 것이냐 살지 않을 것이냐, 그것이 문제로다. 가혹한 운명의 화살을 받을망정 참고 견뎌내야 한단 말인가? 아니라면 밀어닥치는 재앙을 힘으로 막아서 싸워 이길 것이냐?'

　실로 형언키 어려운 햄릿의 고뇌가 절절하게 우리의 가슴에 파고들어 인간사의 비극을 증언하고 있다. 여하간 세익스피어는 햄릿의 입을 빌어 절세의 명구를 토로했다고 하겠다.

햄릿과 돈키호테

　이 두 주인공은 누구나가 다 잘 아는 세계 최고의 비극과 풍자소설의 인간형이다. 이 두 주인공은 여러 모로 대조적인 성질을 갖고 있다. 투르게네프는 '햄릿과 돈키호테'라는 강연에서 두 사람의 성격을 다음과 같이 비유했다고 한다.

　"햄릿을 사랑하기란 어려운 노릇이나, 돈키호테를 사랑하지 않는 이는 없으리라."

　전항에서 이미 언급한 바와 같이 햄릿은 비극의 주인공이다. 그런가 하면 돈키호테는 스페인의 세르반테스(Cer-

vantes 1547~1616)가 쓴 소설 ≪돈키호테≫의 주인공
이다. 그는 평범한 시골 신사였으나 황당무계한 기사들의
얘기를 탐독한 후에 발광하여 검사(劍士)가 되기를 자청한
다. 그리고는 부하로서 산초 판자(Sancho Panza)를 거느
리고 무인수업(武人修業)에 나섰다. 그는 과거와 가공의 미
래를 꿈꾸고 현실의 물질계의 필요를 무시하는 등 터무니
없는 모험과 실패를 거듭한다.

즉, 햄릿 쪽은 '사느냐 죽느냐, 그것이 문제로다'라는 대
사가 상징하는 것처럼 과잉 의식에 사로잡혀 쉽사리 행동
으로 옮기지 못하는 근대적인 지식인의 원형같은 내공적
(內攻的) 성격의 소유자다. 반면에 돈키호테 쪽은 생각하는
것이 과대망상적이면서도 자기가 정의라고 생각하면 무턱
대고 내닫고야 마는 행동적인 성격인 것이다.

왕국에서 가장 위대한 사람

올리버 크롬웰(Oliver Cromwell 1599~1658)의 혁명
때, 영국 왕 찰스 1세가 단두대의 이슬로 사라지고 그의 둘
째 아들 찰스 2세가 왕위에 올랐다. 그 무렵 찰스 2세는
웨스트민스터 학교(Westminster school)로 교장인 리처
드 버스비(Richard Busby 1606~1695) 박사를 방문했
다. 그때 박사는 모자를 그대로 쓴 채 교실이며 복도를 왕
래했고, 국왕은 모자를 벗어 팔 옆에 낀 채를 공손하게 버
스비 박사의 뒤를 따라다녔다. 이윽고 방문을 마친 뒤 국왕

이 학교에서 물러서게 되자 비로소 버스비 박사는 황공하
여 국왕에게 아뢰었다.

"폐하께서는 지금까지 저의 불경을 용서해 주시기 바랍니
다. 그러나 만약 저의 학생들이 이 왕국에서 저 자신보다 더
위대한 사람이 있다고 상상한다면 저는 결코 학생들을 거느
릴 수 없을 것입니다(I hope Your Majesty will excuse
my want of respect hitherto; but if my boys were
imagine there was a greater man in the kingdom
than myself, shoud never be able to rule them.)."

버스비 박사가 이렇게 말한 것은 실상 의미심장하다. 즉
자신이 학교에서 가장 위대한 사람이 되지 못한다면 학생
들을 제대로 다스릴 수 없는 것과 마찬가지로, 국왕의 경우
도 국왕이 영국에서 제일 위대한 사람이 못되면 국민을 다
스릴 수 없다는 뜻이다. 그러므로 그의 말은 국왕에 대한
불경의 사과인 동시에, 단두대에서 처형당한 부왕처럼 하지
말고 온당한 치적으로 국왕의 위신을 높여 국민의 존경심
을 얻도록 하라고 암시한 것임을 알 수 있다.

집 시

집시(gypsy)하면 얼른 떠오르는 것이 프랑스의 사실주
의 단편 작가로서 이름높은 메리메(P. Mérimée 1803~
1870)의 《카르멘(Carmen)》이다.

그 소설의 내용을 간단히 살펴보면, 주인공인 카르멘은

연초 공장 여공으로서 상관을 죽였다. 그러자 젊은 군인 돈 호세(Don José) 하사가 그녀를 체포했으나 미모의 카르멘은 돈 호세를 유혹하고 도망친다. 돈 호세는 뜨거운 연정으로 그녀를 쫓아다니다가 질투심에 불타서, 그녀의 정부인 투우사 에스카밀로(Escamillo)가 개선하기를 투우장 밖에서 기다리는 카르멘을 살해하고 자수하게 된다.

바로 그 카르멘은 집시 여자다. 집시란 인도 북서부 지역을 근거지로 하는 방랑 민족으로서 유럽 각지에 산재하고 있다.

약 5백만 명으로 추산되는 그들은 신장 165센티, 피부는 암갈색 내지 명갈색(明褐色)이며 모발은 진흑색(眞黑色) 내지 암갈색이다. 그들의 기원은 인도 북서 지역으로 보고 있다. 9,10세기경에 차츰 인도를 떠나 근동(近東) 각지로 무리져 떠나갔다가 발칸 반도에 들어갔고, 유럽 각지로 분산되었다. 또한 일부는 바다를 건너서 남북 아메리카와 오스트레일리아로 들어갔다.

집시라는 명칭은 영국에서 부르는 이름으로서, 16세기경 그들이 영국에 나타났을 때 이집트 인(Egyptian)으로 착각되어 거기서 'Gypsy' 또는 'Gipsy'로 불리게 되었다고 한다. 그러나 그들의 명칭은 집시 이외에도 나라에 따라서 약 50종이나 되는 수많은 명칭으로 불리고 있다.

예를 들자면 세익스피어의 희극인 ≪여름밤의 꿈(A Midsummer Night's Dream)≫을 보면 아테네의 공작 티시어스의 대사에 다음과 같은 것이 나온다.

"미치광이와 연인(戀人)과 시인이란 전혀 상상력이 머리
에 꽉 차있지. 넓은 지옥에도 들어갈 수 없을 만큼 많은 마
귀를 보는 것, 그게 미치광이야. 연인도 그것에 못지 않게
미쳐있어서 집시의 얼굴도 헬렌처럼 아름답게 보지."

이것은 제5막 제1장인 티시어스의 궁전에서 티시어스가
말한 대사다. 여기서 예시한 마지막 행의 원문은 'Sees He
len's beauty in a brow of Egypt.'이다. 이 원문을 그
대로 직역하면 '이집트 인의 얼굴'이 되지만 실상은 '집시의
얼굴'이라는 뜻이다.

프랑스에서는 집시를 가리켜 '보엠(보히미아 인)'이라고
부른다. 그것은 그들이 머나먼 보히미아 지방에서 온 것이
아닌가 해서 그렇게 된 것이다. 그래서 예술가적인 자유분
방한 생활을 뜻하는 '보히미안 라이프'라는 것이 실상은 '집
시적인 방랑 생활'이라는 말에서 유래한 것이며, 보히미아
와는 하등 관계가 없다. 또한 독일에서는 '치고이네르', 스
페인에서는 '히타노'라고 부르고 있다.

집시의 생활을 간단히 살펴보기로 하자. 그들은 현재 유
럽에서 이동 생활을 하는 집단을 위시해서 정착자, 반정착
자 등으로 구분된다. 이동과 방랑은 그들의 본래의 생활이
기는 하지만, 남동 또는 동유럽에서는 집시의 촌락이 산재
해 있다. 그리고 중앙 및 서유럽에서는 겨울철에 도회지나
촌락 근처에 초라한 집을 짓고 살거나 셋방살이를 하다가,
봄이 되면 유랑하는 반(半) 정착생활을 한다. 소련에서는

집시만의 집단 농장도 생겼다고 한다.

　이동 집시들의 경우는 정착 집시들에 비해서 체질적으로, 문화적으로 순수하며 따라서 그들은 정착 집시들을 경멸하고 있다. 중앙 및 서유럽의 집시는 천막을 버리고 포장마차를 거주지로 쓰는 자들이 많다. 미국의 경우는 역시 부유한 나라답게 자동차를 거주지로 사용하고 있다

　집시의 직업을 살펴보면, 그들은 옛날부터 가무 음곡을 연주하는 것을 비롯해서 수의사(獸醫師)·수상인(獸商人)·대장장이·점복사(占卜師)·절도 행각 등으로 알려지고 있다. 그들이 사용하는 악기는 바이올린을 위주로 하고 있다. 특히 스페인 등지에서는 집시의 무용이 인기가 크다. 그들은 음악과 무용의 분야에서 천성적인 재질이 인정되고 있으며, 또 그런 분야에서 적지않게 인류의 문화에 기여했다고 본다.

　집시 음악이나 집시 무용은 그들 고유의 민족예술로서 형성되었을 뿐 아니라 그런 예술은 재래의 정통적인 유럽의 예술에도 다분히 채택되어 있는 형편이다. 이를테면 바이올린의 명곡인 ≪치고이네르바이젠(Zigeunerweisen)≫은 집시계의 명연주가인 사라사테(Sarasate 1844~1908)의 대표작이기도 하다. 또한 리스트의 ≪헝가리 광시곡≫, 브람스의 ≪헝가리 무곡≫ 등에도 집시 멜로디가 풍부하게 살아 넘치고 있다. 또한 프랑스 작곡가 비제의 유명한 가극 ≪카르멘≫은 집시 생활이 무대가 되고, 집시 음악과 무용이 응당 큰 구실을 하고 있다. 이 가극은 서두에 밝혔듯이

메리메의 소설에서 그 소재를 택하고 있다.

단, 푸치니의 가극 ≪라보엠(La Bohéme)≫은 3인의 예술가와 한 철학도의 보히미안 생활을 묘사한 뮈르제(H. Murger) 원작에서 소재를 택한 것으로서 집시와는 관계가 없음을 밝혀 둔다. 또한, 역시 레온카발로(Leoncavallo) 의 가극 ≪라보엠≫(1897년에 작곡)이 있는데 푸치니가 작곡한 것보다 1년 후의 일임을 참고삼아 부기해 둔다.

여하간 집시는 정치적으로는 사회집단 내지 국가형성에 있어 보잘것 없는 소수 민족이라고 하겠으나, 예술에 있어 서만은 그들 나름대로의 특색을 형성하며 인류사에 적지않 게 공헌했음은 부인할 수 없는 사실이다.

허 니 문

영국의 문인 사무엘 존슨(Samuel Johnson 1709~ 1784)은 허니문을 정의하기를 '정다움과 열락(悅樂) 이외 에는 아무것도 없는 결혼 후 최초의 1개월'이라고 했다. 왜 냐하면 그 기간은 인생이 장미빛으로 빛나는 일순이지만 그 러나 대체로 한 달 이상 계속되지 못한다는 뜻인가 싶다. 그리고 '올바른 결혼의 기틀이란 상호간의 오해에 있다'는 오스카 와일드(Oscar Wilde 1856~1900)의 역설 비슷 한 표현을 깨닫게 될 때 비로소 밀월이 끝나는 지도 모른다.

또 그 다음에는 ≪보물섬≫의 작가 로버트 스티븐슨(Robert Stevenson 1850~1894)에게 평을 받으면 '마음의 어딘가에 유랑할 수 있는 풀밭의 오솔길은 사라져 버리고, 곧바르게 긴 먼지투성이의 길만이 무덤까지 이어져 있다'는 결론이 내려지기도 한다. 물론 이런 글귀들이 보편타당해서 인용한 것은 아니다. 여하간 인생의 길이란 청춘의 이상처럼 우거진 수풀 언덕 위에 비둘기장같은 빨간 기와지붕만은 아닐 것이다.

각설하고, 밀월이라는 글자풀이를 하자면 '꿀처럼 단 달님'이라는 의미로서 널리 쓰이고 있다. 영어의 'moon'이란 천체의 달을 말하는 것이나, 한자의 뜻으로 보자면 시간상의 '달(month)'도 된다. 요컨대 '하니먼스(honeymonth)'를 가리키는 것이 허니문(honeymoon)이다. 그런데 허니문을 그 어원적으로 살피면 두 가지 설이 있다.

그 하나는 스칸디나비아에 유래하는 설이다. 그곳에서는 신혼 부부가 1개월 동안 벌꿀로 만든 술을 마시는 습관이 있었다는 것이다.

한편, 옥스퍼드 사전을 보면 허니문의 해설이 흥미롭다. 즉 'moon'은 천체의 달을 말하는 것인데, 부부의 애정이란 마치 달이 기울듯이 차츰 식어가는 그런 달과 같다고 설명하고 있다. 꿀처럼 단 것도 한때뿐이라는 것이다. 아이러니컬한 해석이긴 하지만 옥스퍼드 사전의 권위를 인정하지 않을 수 없다.

비장을 뗀 자처럼 달린다

사람이 급히 달릴 때 곧잘 옆배가 아파서 달리지 못하는 경우가 있다. 왜냐하면 사람의 장기 중에서 비장이라는 것이 급격한 운동 때문에 부어서 통증을 일으키기 때문이다. 허리띠를 꽉 죄면 뛸 때 아프지 않은 이유가 바로 그런 까닭이라고 한다.

고대인은 이미 그런 이치를 알았기 때문에 로마의 박물학자(博物學者) 플리니우스는, 그 당시 풍습으로 달리는 직업을 가진 사람은 비장을 구워서 떼어냈다고 기록하고 있으나 떼어내는 방법은 밝히지 않았다.

프랑스에서는, 무지한 사람들은 예로부터 비장을 떼어내면 몸이 가볍고 민첩해져서 건강이 매우 좋아진다고 여겼다는 것이다. 그래서 사냥개에게도 비장을 떼어주는 수술을 했다니 옛 전설이 전혀 무의미한 것만은 아닌 듯하다.

17세기에 이르자 인간의 비장을 떼어내면 우울병이 낫는다고 하는 외과의사의 일파가 나타나기도 했다. 그런데 비장에 대해 현대 의학에서는 다음과 같이 규정하고 있다.

'비장은 내장의 하나로서 위 부근에 있으며 둥글고 검붉은 색깔이다. 내부는 해면상(海綿狀)이고 임파선(淋巴腺)과 흡사한 구조다. 주로 백혈구를 생성하고 노폐한 적혈구를 파괴하는 등 여러 가지 기능이 있다.'

이러한 기능으로 보자면 비장은 사람 몸에 중요한 장기가 아닐 수 없다. 그러므로 그런 장기를 떼어낸다는 것은 어리석은 소행이라 하겠다. 그러나 서양 전설에는 잘 뛰는 사람을 가리켜 평하기를 '비장을 뗀 자처럼 달린다'고 했다는 것을 밝혀 둔다.

여자는 자주 변한다

'바람 속의 깃털처럼 항상 변하는 여자의 마음'이라는 글귀는 이탈리아 작곡가 베르디(G. Verdi 1813~1901)의 가극 《리골레토(Rigoletto)》(1851년 작곡)의 유명한 영창(詠唱)에 나오는 가사다. 흔히 우리나라에서 '바람에 날리는 갈대'라고 쓰고 있으나 갈대는 오역(誤譯)임을 밝혀 둔다. 그 오페라에 나오는 영주는 오랜 애정 편력 끝에 돌아와 샹볼 성의 유리창에다 다야몬드 반지로 '여자의 마음은 자주 변한다. 여자를 믿는 것은 미친 노릇이다'라고 쓴다.

그런데 베르디의 그 오페라는 본래 빅톨 위고의 희곡인 《왕은 즐긴다》에서 소재를 얻은 것이다. 원작에서 빅톨 위고는 그 영주의 입을 통해 말한다. 즉 '여자는 자주 바람에 날리는 깃털에 지나지 않는다'라고…….

그런데 빅톨 위고가 그의 작품에서 내세운 영주는 16세기의 프랑스 왕 프랑소아 1세를 비유해서 그의 전제(專制)를 풍자한 인물이다. 그것 때문에 당국에서 공연을 금지시켰으나 그후 타협이 이루어져 무대상연이 되었다.

프랑스의 낭만파 시인 뮈세가 애인인 여류 작가 조르쥬 상드에게 배신당하자 이런 말을 했다.

"바람보다 가벼운 것은 무엇이냐, 여자다."

그는 크게 분노해서 이렇게 말했다고 하는데 그 내용인즉 역시 ≪리골레토≫의 '바람 속의 깃털'과 그 아이디어가 일치하고 있다.

여하간 프랑스에는 여자의 변심을 풍자하는 속담도 많은데 그것을 몇 개 들어본다.

'바람과 여자와 운명은 달처럼 변한다.'

'달이 변하듯이 여자의 마음도 변한다.'

'여자와 원숭이가 모르는 악(惡)이란 없다.'

그러나 따지고 보면 어디까지나 이런 속담은 어리석은 울분이라고 해 두는 게 어떨까?

메이플라워 호

1620년에 영국의 청교도 필그림 파더즈(Pilgrim Fathers) 102명은 180톤짜리 범선 메이플라워(Mayflower) 호로 대서양을 횡단해서 신대륙 아메리카에 이주했다.

청교도란 본래 16세기에 영국에서 일어난 신교의 한 파로서, 그 명칭처럼 청순한 신앙생활을 하며 살자는 이상주의적 성격을 띤 교파였다. 17세기 중엽, 이른바 청교도 혁명은 열성적인 청교도였던 크롬웰이 철기대(鐵騎隊), 신모범군(新範模軍)을 편성해서 국왕군(國王軍)을 격파함으로써 수행된 것이었다.

거슬러 올라가 살펴보면, 16세기 후반에 엘리자베스 1세가 즉위하자 영국 국교회가 확립되면서 신교도에 대한 탄압이 커졌다. 잉글랜드의 스쿨비라고 하는 작은 마을의 인사인 윌리엄 부르스터는 청교도로서, 부근 교회에 나가 예배를 보던중에 역시 열성적인 신자인 윌리엄 브레드퍼드와 사귀게 되었다. 두 사람은 서로 협력해서 촌민 중에서 많은 신자를 모았으나 관헌의 탄압이 점점 심해졌다. 이윽고 교회마저 폐쇄당했기 때문에 그들은 부르스터의 제안으로 네덜란드에 망명하기로 작정했다. 1608년에 어린이들까지 포함해서 약 1백명 정도 되는 신자들이 암스텔담으로 건너갔다. 그 당시 네덜란드는 같은 신교의 일파인 칼빈파의 지배하에 있었다. 그러나 이주지에서의 생활이 수월치 못했으므로 부르스터 일행은 마침내 신대륙 아메리카로 이주하기로 작정했다.

1620년 8월에 일행은 이주 허가와 신교(新敎) 자유에 대한 묵인을 받고 라이든에서 스피드웰 호라는 배편으로 떠났다. 그때 브레드퍼드는 일행을 가리켜 필그림즈(순례)라고 불렀는데, 그것은 《신약성서》에 연유해서 붙인 이름이었다. 그들의 항해에는 수십 명의 런던 사람들이 메이플라워 호로 동행하게 되었다. 두 척의 배는 남 잉글랜드의 사잔푸톤에서 서로 만나 8월 14일에 모국을 출항키로 되어있었다. 그러나 스피드웰 호에 고장이 생김으로써 부르스터 일행도 메이플라워 호 편으로 옮겨타고 떠나게 된 것이었다.

메이플라워 호가 신대륙에 도착한 것은 12월 11일이었다. 그러나 폭풍우와 조류에 떠밀려 당초의 목적지였던 버지니아

보다도 훨씬 북쪽인 매사추세츠의 플리머(Plymouth)에 상륙케 되었다. 그들은 상륙 직전에 민주적인 사회계약설에 기반을 둔 '메이플라워 계약'을 맺었다. 그것은 1691년까지 플리머드 식민지 건설의 기본 강령이 되었다.

그들의 상륙 후의 생활이란 비참하기 그지없었다. 거센 자연 조건과 싸워야 했으며, 원시적인 토인들의 적대 행위 등 이루 다 필설로 엮을 수 없는 고초를 겪어야만 했던 것이다.

그들보다 앞서서 신대륙을 다녀간 사람들이 있었으나 그들은 대부분이 영국 상류 사회 인사들이요 또한 저명한 월터 롤리처럼 모험적인 흥미 때문에 찾아왔던 것에 지나지 않았다. 그러나 메이플라워 호의 일행은 경우가 달랐다. 그들이야말로 신앙의 자유를 찾아 신(神)의 나라를 이루겠다는 드높은 청교도적인 이상에 불타서 이주해 온 것이다. 그들은 양식을 마련하기 위해 고된 육체적 노동을 해야만 했다. 그리고 교회를 세우고 학교를 만드는 등 그들이 추구하는 이상을 실현코자 힘썼다. 그렇듯 신대륙에 뿌려진 작은 한 알의 밀알은 아메리카 합중국이라는 풍요한 나라의 기틀을 닦기에 이르렀다. 그러기에 청교도들은 장차 미국 건설의 조상으로서 높이 칭송된 것이다.

그들이 정착했던 합중국 북동부는 그 전통을 이어받아 청교도적 이상주의의 문화를 일으키며, 남부의 현실주의적 물질 문화와 날카롭게 대립하였다. 그 대립이 바로 노예제도의 시비를 둘러싸고 격돌했던 남북전쟁이다.

뉴턴의 사과

1642년에 이탈리아의 과학자 갈릴레이 갈릴레오가 죽었다. 바로 그해에 영국의 월소프라고 하는 조그만 시골에서 뉴턴(Isaac Newton 1642~1727)이 탄생의 첫울음을 터뜨렸다. 소년 뉴턴은 '끌과 톱을 손에 쥐고 태어난 것처럼' 손재주가 탁월하고 열심이었다.

모두들 소년이 장차 가구공(家具工)이나 목수로 성공하리라고 여겼다. 그래서 어떤 이는 그를 시계공장에 내보내자고 했다. 왜냐하면 그는 이미 해시계와 물시계를 손수 만들었던 것으로, 오늘에 이르기까지 그 당시의 것이 월소프의 기념관에 전시되어 있다.

1661년부터 뉴턴은 켐브리지 대학에 가서 공부했다. 그러나 전염병의 유행 때문에 대학이 일시 휴교를 하자 그는 고향에 돌아왔다. 바로 그 무렵에 그의 3대 발명인 만유인력의 법칙과 미적분법 및 빛의 분석에 관한 착상을 했다는 것이다.

뉴턴은 평생을 독신으로 지냈으며 그의 언행에도 기발한게 많았다. 사과가 떨어지는 것을 보고 만유인력을 연상한다는 것은 매우 뛰어난 상상력이 없다면 불가능한 일일 것이다. 달걀 대신에 시계를 삶아버리고 말았다는 일화도 유명하다. 그만큼 그는 매사에 어린애처럼 열중하는 성격이었다는 것을 잘 대변해 준다.

그와 애견(愛犬)에 얽힌 일화도 재미있다. 개 이름은 다야몬드였으며 늘 그의 서재에 자유로이 드나들었다. 그래서 뉴턴은 그다지 신경을 쓰지 않았는데 어느 날 이런 일이 생겼다. 중요한 문제를 해결하느라고 수식(數式)을 가득히 써놓은 종이를 책상 위에 놓아두었는데, 그의 애견이 그 위로 뛰어올라서 잉크병을 엎지르고 말았다. 그러자 뉴턴은 손을 마주치면서 탄식했다.

"아하, 다야몬드야, 너도 이렇게 장난을 쳤다는 것을 깨달아야 해!"

그의 지적이며 인간미가 넘치는 모습을 엿보게 하는 일화라고 하겠다.

"나는 바닷가에서 뛰놀면서 매끄러운 자갈이며 깨끗한 조가비를 찾고 기뻐하는 어린애와 같은 존재였다. 진리의 큰 바다가 미지(未知)인 채로 눈앞에 전개되어있는 것처럼."

이것은 뉴턴의 회상기의 한 대목이지만, 그가 자기 자신을 가리켜 어린애로 비유하고 있다는 것은 결코 우연이 아닐 것이다. 어린애처럼 솔직하고 편견이 없는 눈을 통해서만 진리의 길이 발견되는 것은 아닐까.

나는 생각한다, 고로 나는 존재한다

즉 'cogito ergo sum'이라는 이 철학적 명제는 17세기 프랑스의 철학자이며 수학자인 르네 데카르트(René Descartes 1596~1650)의 명저인 《방법론 서설》의 제4부 제1절에 나오는 명언이다. 그 저서에서 데카르트는 중세

이래의 전통적인 철학이던 스콜라 철학의 관념적인 사고방식에 만족하지 않았다. 대신 새로이 눈을 뜬 자아의식, 즉 근대적 자아에 기초를 둔 철학을 이루려고 했던 것이다.

그 저서의 첫머리에서 그는 '양식(良識)은 이 세상에서 가장 공평하게 배분되어 있는 것이다'라고 했다. 여기서 말하는 양식이란 이성(理性)을 가리키는 것이며, '올바르게 판단하고 사물의 진위(眞僞)를 식별하는 힘'인 것이다. 그와 같이 '이성을 올바르게 이끌어 모든 과학에 있어서 진리를 탐구하기 위한 방법'으로서 그는 모든 기존 관념과 자기 자신의 감각까지도 회의하여 '방법적 회의(懷疑)'를 진행시켜 나간 결과, 의심할 여지가 없이 '움직일 수 없는 확실한' 것으로서 최종적으로 발견한 것이 '나는 생각한다, 고로 나는 존재한다'라는 진리다.

일체 만상을 부정하더라도 그 부정하는 작용을 하는 자아는 의연히 남는다. 그러므로 생각하는 자아야말로 모든 철학의 기반이 된다는 것이다. 데카르트는 이 진리로부터 출발해서 물질에 대한 정신의 우월성을 주장하는 이원론(二元論)을 제창하는 등 그의 철학의 터전을 닦은 것이다.

그의 저서로는 ≪방법론 서설≫ 이외에도 ≪제1철학 성찰≫·≪철학 원리≫·≪정념론(情念論)≫ 등이 있다.

사람은 생각하는 갈대다

이 말은 17세기 프랑스 철학자 블레이즈 파스칼(Blaise

Pascal 1623~1662)의 《명상록(瞑想錄, Pensées)》의 일절이다. 바로 그 글귀 앞에, '이 무한한 공간의 영원한 침묵이 나를 두렵게 하노라'라는 글귀가 있다. 파스칼은 우주의 무한과 영원과 비정한 침묵을 두려워하여 자기의 극소(極小)와 절대의 고독에 부들부들 떨었으나 그러한 위대한 자연에 대해서 말했다.

"인간은 한 줄기 갈대에 지나지 않는다. 그러나 인간은 생각하는 갈대다. 인간을 짓눌러 부수려 한다면 우주 전체가 무장할 필요까지는 없다. 일말의 연기, 한 방울의 물로도 충분히 인간을 죽일 수 있다. 그러나 설령 우주가 그를 암살할지라도 인간은 자기 자신을 죽이는 자보다는 의기(意氣)가 높으리라. 왜냐하면 인간은 자신이 죽는 일이며, 우주가 자기보다도 하찮은 것이라는 사실을 알고 있기 때문이다. 그러나 우주는 그렇다는 사실을 아무것도 모른다."

또한 파스칼은 이렇게 말한다. "우리들의 모든 품위(品位)는 따라서 사고 속에서만 존재한다. 그러므로 올바르게 생각하도록 노력하는 것이야말로 도덕의 원칙이다"고 주장했다. 또한 그는 딴 대목에서 "사고는 인간의 위대함을 이룬다"고 했다. 사고에 의한 인간성의 근본 자각이 인간 자신의 불안정성을 자각시키며, 그것이 곧 신에게 이르는 길이라고 내세우고 있다.

파스칼의 업적을 잠깐 살펴보자. 그는 이미 16세 때 《원추곡선론(圓錐曲線論)》을 써서 데카르트를 놀라게 했고, 19세 때는 계산기를 발명했다. 20세에는 산술 삼각형을 발표해서 공산론(公算論)의 기초를 확립했다. 그는 물리학에 있어서도 탁월하여 사이펀(siphon)의 이치를 설명했다. 그리고 신체의 압력전달(壓力傳達)에 관한 유명한 '파스칼의 법칙'을 발표했다.

특히 그의 생애에 있어 주목할 만한 것은, 항상 신을 섬기면서 병약한 몸인데도 불구하고 가난한 사람들에 대해 사랑과 봉사로 점철했다는 점이다. 그러기에 그는 39세라는 젊은 나이로 죽기 전에, 병든 몸을 이끌고 파리 시내에다 합승마차 회사를 설립해서 그 이익금을 자선 사업에 썼다. 또한 운명 직전에는 가난한 한 가족을 불러다 자기 집에서 동거케 했다. 그는 사랑과 단순·겸손이라는 낱말들에 어울리는 성격이었다. 마지막 운명(運命)의 자리에서 그는 '주여, 나를 버리지 마소서'라는 한 마디를 남기고는 숨졌다.

그의 주저(主著)인 《명상록》은 사후에 친구들이 방안에 쌓여 있던 종이조각들에 씌어진 글들을 정리하여 출판한 것이다. 그래서 그 권두에는 '일이 중단된 채로(Pendent opera interrupta)라고 밝혀진 것이다.

클레오파트라의 코가 조금만 낮았더라면, 세계의 얼굴은 변했을 것이리라

이 말도 파스칼의 《명상록》 속에 들어 있다.(부랑슈비크 판(版) 162항) 즉, 그 명언이 담긴 절을 모두 엮으면 다음과 같다.

'인간의 공허함을 충분히 알고자 하는 자는 연애의 원인과 결과를 바라본다면 족하리라. 연애의 원인은 코르네이유가 말하는 '무언지 알 수 없는 것'이며, 더구나 그 결과는 가공(可恐)스러운 것이다. 이 '무언지 알 수 없는 것'이란 그것을 인식할 수 없을 만큼 사소한 것이지만 전 지구를, 황제들을, 전 세계를 움직인다. 만약 클레오파트라의 코가 조금만 낮았더라면 세계의 얼굴은 변했을 것이리라.'

이말 뜻은 곧 세계의 역사란 아주 보잘것 없는 사소한 것에 의해 변한다는 것을 뜻한다.

클레오파트라(B.C 69~30)는 이집트의 프톨레마이오스(Ptolemaios) 조의 최후의 여왕이다. 그녀는 프톨레마이오스 13세의 왕녀로서, 기원 전 51년에 프톨레마이오스 14세와 결혼했다. 그리고 그가 죽은 후인 기원 전 44년에는 그의 아우와 결혼했다. 그러나 이 요화(妖花)는, 폼페이우스(M.G. Pompeius)를 추격하여 온 로마의 케사르를 유혹해서 세 남편을 죽이게 한 뒤 케사르와 함께 살았는가 하면, 케사르가 암살당하자 안토니우스를 유혹하는 등 그 미모를 이용해서 나라를 지켰다고 본다. 그러나 그녀를 마지막으로 프톨레마이오스 가(家)는 멸망했다. 그녀의 코가 높았다는 것은 인정할 수 있다. 왜냐하면 그녀는 계보상(系譜上) 그리스 귀족인 프톨레마이오스 가의 출신이었으므로 이집트 형이 아닌 그리스 형의 높은 코를 가졌을 것이기 때문이다.

가장 강한 자의 주장이 항상 정의다

17세기 프랑스의 우화 시인 라퐁테느(Jean de La Fontaine 1621~1695)의 유명한 ≪우화시≫ 제1권 제10화 〈늑대와 어린 양〉의 제1행이다.

이 명귀야말로 봉건시대의 지배자의 압정을 풍자한 통렬한 아이러니라고 하겠다. 라퐁테느가 살았던 때는, 나는 새도 떨어뜨린다는 위세가 당당했던 루이 14세, 이른바 태양왕(太陽王) 전성시대였다. 그러기에 태양왕의 위세를 등에 업고 귀족과 승려들의 횡포란 말할 수 없을 정도로 민원(民怨)을 샀던 것이니, 라퐁테느의 ≪우화시≫가 가히 나올 법했다.

이 〈늑대와 어린 양〉의 애기는 이렇다. 목마른 어린 양이 골짜기에서 물을 마시려니 늑대가 나타나서 '내가 마시는 물을 감히 더럽히는 무례한 놈'이라고 꾸짖는다. 어린 양은 여러 가지로 사정하며 스무 발짝 아래쪽에 가서 마시겠다 해도 막무가내다. 늑대는 태어난 지 얼마 되지도 않는 어린 양에게 한다는 소리가, "지난해에 네가 나에게 욕을 했지?" 하고 트집을 건다. 어린 양은 "지난해엔 제가 태어나지도 않았어요"하자 "그렇다면 네가 아니라 네 형이나 아버지든지 어쨌든 너희 식구가 틀림없어"하고 우겨댄다. 그리고는 어린 양을 숲속으로 데리고 가서 잡아먹고 만다. 그 동안에 어떤 억울한 호소 한번 제대로 하지 못한 채 전혀 일방적인 처벌을 받은 것이다. 그러므로 '가장 강한 자의 주장이 항상 정의이다'라는 결론이 나온 셈이다.

고양이 목에 방울을 단다

역시 라퐁테느의 《우화시》 제2권 제2화에 〈쥐의 회의 (會議)〉라는 얘기가 나온다.

고양이인 로딜라듀스가 너무나 쥐를 잡아먹기 때문에 쥐들은 응급 대책을 세우려 회의를 열었다. 고양이의 날카로운 이빨과 발톱에서 몸을 지키기 위해 토의하는 것이다. 여러 가지 구구한 의견이 나왔으나 가장 늙은 쥐가 고양이의 목에다 방울을 달자고 했다. 방울을 달아준다면 고양이의 불시의 습격에도 쉽사리 피신할 수 있는 것이다. 모두들 기발한 생각이라고 찬성했다.

그러나 과연 누가 고양이 목에다 방울을 달러 갈 것인가? 목숨을 내걸고 나서겠다는 쥐는 한 마리도 없었다.

결국 아무도 나서지 않은 채 회의는 산회(散會)되었다. 너무도 당연한 노릇이었을 것이다.

이런 우화 때문에 '고양이 목에 방울을 단다'는 것은 '위험하고 성공의 가망이 없는 기도(企圖)로 선수를 친다'는 뜻으로 사용된다.

번쩍인다고 모두 금이 아니다

라퐁테느의 《우화시》 제6권 제9화에 〈사슴의 물거울〉

이라는 대목이 있다.

옛날에 한 마리의 수사슴이 맑은 샘물 위에 비치는 자기의 뿔이 매우 훌륭하다고 자랑스러워했다. 그러나 반면에 낚싯대처럼 가느다란 다리를 바라보자 실망했다. 그때 느닷없이 사슴 사냥을 하는 큰 개가 나타나서 수사슴에게 달려들었다. 사슴은 겁에 질려 목숨을 건지려고 숲속으로 달렸다. 그러나 하잘것 없이 여겼던 다리가 아무리 열심히 달리려 해도 그 훌륭한 뿔이 나무에 걸려서 방해가 되지 않는가.

겨우 목숨을 건지게 된 수사슴은 그때부터 잘못을 뉘우치고 하늘이 내려 준 몸뚱이의 모든 부분을 소중히 여기게 되었다는 우화다.

즉 '아름다운 것만을 추구하고, 이익이 되는 것만을 따르는 것이 세상사의 버릇이지만, 그 아름답다는 것이 종종 우리의 원수가 된다'고 하는 사실이다.

겉만 번드르르한 것을 따르다가 실익(實益)을 잃어서는 안 되는 노릇이니, 번쩍인다고 모두가 금(金)은 아닌 것이다.

마담 드망트농이라고 하면 바로 태양왕 루이 14세의 왕비로서 천하에 이름을 떨친 여성 중의 여성이었다.

그러나 부러울 게 없는 영화를 누린 그 귀부인이 자기 친구들에게 보낸 편지에서 밝히기를, '권세의 자리에 앉는 것이 남들에게는 호화스럽고 부럽기 그지없겠으나 실상은 얼마나 비애스럽고 우울하며 공허한 것'인가를 절절히 호소하는 글귀가 있다. 그 귀부인의 고백이야말로 똑같은 시대를 살다간 라퐁테느가 속삭인 《우화시》의 산 방증을 하고 있다는 것도 흥미롭다.

소변보는 꼬마상

　벨기에의 수도 브뤼셀의 중심지에 있는 시청 앞 대광장에서 조금 들어간 길모퉁이에 너댓 살 된 벌거숭이 꼬마 녀석이 오줌을 누고 있는 상(Manneken-pis)이 서 있어서 여행자들의 귀여움을 받고 있다.

　장중한 고딕 건축들이 많은 속에서 이 꼬마상(像)은 매우 작기는 하나 사람들로 하여금 미소를 머금게 한다. 그러기에 프랑스의 루이 15세는 이 꼬마에게 옷을 지급했다. 그후 세계(世界) 각국에서 많은 옷이 기증되어 와서 지금은 이 꼬마가 세계 제일의 의상 수집가가 되어버린 격이다.

　이 꼬마상은 17세기 전반에 벨기에의 조각가 듀케노아에 의해 만들어진 것이지만, 어떤 이유로 그런 조각을 시가의 중심지에다 세우게 되었는지는 확실치 않다. 여하간, 16세기 후반에서 17세기초에 걸쳐 네덜란드, 벨기에 등을 포함하는 네덜란드 일대는 당시의 강국 스페인의 지배하에 있었기 때문에 그 시대적 배경에서 나온 삽화에 기인한다는 것이 틀림없는 듯하다.

　일설에 의하면 그 소년은 현재의 상이 서 있는 근처 건물 위층에서 양친과 함께 살았다. 어느 날 그 소년은 창가에서 현재의 상과 같은 모습의 포즈를 취했다고 한다. 그런데 그 소년이 포즈를 취하고 있을 때 아래쪽 길가에서는 스페인 군(軍) 보초가 서 있었다는 것이다.

말하자면 침략자에 대한 반항심이 컸던 시대였기 때문에 유아의 허심탄회한 본능적 동작일지라도 일개의 영웅적 행위로 인정되어 그것을 기념하는 상이 세워지게 되었다는 것이다.

더 극적인 설도 있다. 스페인 군의 공격으로 브뤼셀 시가에 불이 나고 있을 때 어린 아이가 적과 아군이 대치한 곳으로 아장아장 걸어나오더니, 타오르는 불길을 향해서 소변을 보았다는 것이다.

이러한 설들은 어느 것이든 저항운동의 역사적 기념비로서 의미를 지닌 그 상에 대해 말하는 것이라고 하겠다. 그러나 그것과는 관계가 없다는 설도 있다.

한 시의원의 어린애가 길을 잃어버리자, 그 부모는 백방으로 어린애를 찾아 나섰다고 한다. 그리고 어린애를 찾게 되면 찾는 바로 그 순간의 포즈를 동상으로 만들어서 시에다 기증하겠다고 서약했다고 한다. 그후 그 아이를 무사히 찾았는데 발견 당시의 포즈가 오늘의 그런 모습이었다는 것이다.

화필을 손에 잡고 시작해라!

네덜란드의 화가 렘브란트(H. Rembrandt 1606~1669)는 어떻게 그림을 그려야 잘 그릴 수 있느냐는 질문을 받자, "화필을 손에 잡고 시작해라!"고 대답했다는 유명한 말이 있다. 어떤 식으로 그리느냐 하는 따위를 생각하고 있기보다는 실행하는 편이 좋다는 것이다. 실행하는 동안 어떻게 하는 게 좋은지 요령이 생기게 마련이다. 그러한 렘브란트의 말처럼 그는 손을 잡아주고 가르치기보다는 자기 스스로 생각케 하고, 자기 스스로 연구하도록 이끌었다. 그러므로 교수법도 매우 엄격했다 한다.

렘브란트의 지도를 받으며 그림을 그리던 제자들 중에는 방자한 보히미안 기분을 내던 자들도 있었다. 하기야 젊은 예술가들에게 곧잘 있는 일이기도 하다. 제자 중의 하나가 여자 모델이 필요해서 한 소녀를 채용하여 자기 방으로 데리고 들어갔다. 호기심에 찬 다른 제자들은 차례로 문틈으로 안을 들여다보았다고 한다. 그곳에 왔던 렘브란트도 무슨 일인가 하여 문틈으로 안을 살폈다. 그때 방안에서는, "인제 우리도 꼭 낙원의 아담과 이브처럼 되었군"하는 소리가 들렸다. 그러자 렘브란트는 도어를 두들기면서 큰 소리로 외쳤다. "하지만 너희들은 벌거숭이니까 낙원에서 나와야만 해!"하고 꾸짖으며 자칭 아담과 이브를 내쫓았다. 깜짝 놀란 둘은 벌거벗고 도망칠 수는 없는 노릇이라 복도의 계단 중간에서야 겨우 손에 든 옷으로 몸을 가렸다는 일화가 있다. 렘브란트는 그 정도로 제자들에게 엄격했다는 얘기다.

렘브란트의 그림은 독창적인 상상력의 구사, 면밀한 모델링(Modelling), 미묘한 색채며 명암, 구성의 대담성, 인간미의 표현 등 착상과 묘사에 웅대성을 보였다. 사실주의

자인 그의 그림은 만년에 이르러 인상주의적 묘사의 선구
가 되는 반점적(班點的) 묘사를 했다. 또한 그는 화가인 동
시에 시재(詩才)를 보인 시인이기도 했다. 그의 그림으로는
〈야경(夜景)〉·〈성가족(聖家族)〉·〈엠마우스 가의 그리스도〉
·〈사원에 있는 시메온(Simeon)〉·〈자화상〉 등이 있다.

내가 국가이니라

　백년 전쟁(1337~1453) 이래 프랑스에서는 중앙 집권
화의 경향이 급격히 강화되었으며, 16세기말에는 부르봉
(Bourbon) 왕조가 성립되었다.　18세기 중엽에는 루이
(Louis) 14세가 즉위하기에 이르러 국왕의 절대 전제적 권
력이 그 절정에 달했다. 재상(宰相) 마자랑(J. Mazarin)
은 어린 왕인 루이 14세의 섭정으로서 귀족들의 왕권에 대
한 반항으로 일어났던 프롱드의 난을 제압하여 왕권을 강화
했다. 그리고 독일의 내전인 30년 전쟁을 교묘히 간섭해서
유럽의 지도권을 장악했다. 1661년 이후 루이 14세는 친
정기(親政期)에 접어들자, 콜베르(J.B. Colbert)를 재무총
감에 등용하여 중상주의 정책을 씀으로써 확고하게 국부(國
富)를 증강시켰다. 그로써 프랑스는 유럽 제일의 막강한 국
가가 되었으며, 국왕 루이 14세의 위세는 천하를 휘둘렀다.
　루이 14세는 자기의 권위를 최대한으로 발휘하여 모름지
기 인간에게 가능한 온갖 전횡(專橫)을 다했다. 그러한 왕
의 전횡을 염려하여 국가를 위해 간(諫)하는 신하가 있을

때, 왕은 거침없이 대답했다.

"국가 때문이라고? 그건 내게 관한 것이야(L'Etat, c'est moi)."

루이 14세의 강력한 절대왕제는 중세 이래의 귀족계급과 르네상스 이후의 신흥 시민계급과의 균형 위에서 유지된 것이었다. 그래서 그들에 대한 지배를 정당화하고 그들을 납득시키기 위한 이론적 무기로서 제왕신권설(帝王神權說)이라는 것이 고안되었다. 그 이론은 루이 14세 때에 완성된 것인데, 그 대표적인 주창자였던 황태자의 가정교사 보쉬에는 그의 저서 ≪성서의 말씀에 기원하는 정치≫에서 통치자는 신(神)의 일꾼이므로 그를 거역하면 보복을 받는다고 하면서 다음과 같은 억설을 늘어놓았다.

'그러므로 우리들이 이미 보았듯이 옥좌(玉座)는 일개 인간의 옥좌가 아닌 것이며, 신 자신의 옥좌인 것이다. 신은 무한한 것이며 전부다. 군주란 군주로서 한 사인(私人)으로 보아서는 안 된다. 군주는 한 공적 인격이다. 온 국가는 그의 안에 있으며 온 백성의 의지는 그의 의지에 내포되어 있다. 모든 완전함과 모든 권력이 신에게만 주어진 것처럼 각 개인의 모든 힘은 왕의 인격 안에 주어져 있다. 일개의 인간이 실로 수많은 자들을 구체적으로 나타내보인다는 것은 그 얼마나 위대한 노릇이랴. 옥좌에 계신 군주를 보라. 그곳에서 모든 질서가 태어난다. 그는 천상의 높은 옥좌에서 온 우주를 다스리시는 신의 영상(影像)이니라.'

이와 같이 신의 대리자가 되어 나라를 휘두른 루이14세

눈 네덜란드 프팔츠 방면에 세 번이나 침략 전쟁을 자행했
다. 또한 스페인계승전쟁을 일으키는 등 불법적이고도 무익
한 원정으로 국비를 낭비하고 국민에게 과중한 부담을 안
졌던 것이다. 만년에 이르자 그는 신교도 보호를 목적으로
16세기에 발포했던 낭트(Nantes)의 칙령을 폐지했다. 신
교도였던 수많은 상공인(商工人)들이 프랑스를 등지고 국
외로 이주했기 때문에 국가경제는 피폐해졌다. 거기엔 이미
프랑스 혁명을 유발시킬 수 있는 사회적 모순의 씨앗이 뿌
려지고 있었던 것이다.

그러나 루이 14세 치하에서의 프랑스는 역사상 미증유의
번영을 이룩했으며, 문화면에 있어서도 고전 비극작가 코르
네이유(P. Corneille 1606~1684)를 비롯해서 극시인(劇
詩人) 라신(J. Racine 1639~1699), 희극 작가 몰리에르
(Moliére 1622~1673) 등이 고전파 예술을 눈부시게 꽃
피웠다. 그러므로 후세가 그를 가리켜 '태양왕'이라고 일컫
게 된 것도 수긍이 가는 일이긴 하지만, 그 태양도 머지않
아 프랑스 왕권의 노을로 지고 있었던 것이다.

설령 신앙의 길에 들어가 있을지언정 나도 역시 남자

17세기 프랑스 희극작가 몰리에르는 1658년 루이 14세
앞에서 《연애 박사(Le Docteur Amoureux)》를 상연해
서 성공한 것을 계기로 파리에서 정기공연을 갖게 되었다.

그후 수많은 희극을 썼는데, 그의 작품은 종래의 단순한 희극을 탈피하여 예민한 관측에 의한 풍속묘사를 한 것이 특징이다. 특히 성격과 심리 묘사로써 극적인 보편성을 거둔 것은 주목할 만하다.

그는 희극 《타르튀프》에서 그 당시 종교 전성기에 횡행한 악승(惡僧)의 행상을 파헤쳐서 사회 문제화시켰다. 그 때문에 승려들이 들고 일어나 갖가지 박해를 가했다. 파계승인 타르튀프는 동명의 희극 제3막 제3장에서 유부녀인 에르미르에게 감언이설로 수작을 걸고 있다. 즉, "설령 신앙의 길에 들어가 있을지언정 나도 역시 남자라오." 이와 같이 승려는 법의(法衣)의 그늘에서 속인다운 욕정을 교묘히 숨기고, 종교적인 위신을 부녀자 유혹의 도구로 삼았던 파계승의 전형이었던 것이다.

그와 같은 대사는 똑같은 17세기 프랑스 비극작가 코르네이유의 《세르토리우스》의 제4막 제1장에 있는 "아, 설령 로마 인일지언정 나도 역시 인간이야"와 유사한 표현이다.

그러나 그러한 내용의 대사는 더욱 거슬러 올라가면 복카치오의 《데카메론》 중 제3일 제8화에 나온다. 한 승려가 페론드 부인을 유혹하기 위해 "못난 것이 승려이긴 하지만 역시 딴 무리나 마찬가지로 남자라오"하는 대목이 있으니, 몰리에르나 코르네이유보다 3세기를 앞선 것이기도 하다.

말이란 생각하는 것을 속이기 위해 인간에게 주어졌다

몰리에르의 ≪강요된 결혼≫에서 팡크라스 박사는 이렇게 말하고 있다. "말이란 생각하는 것을 표현하기 위해서 인간에게 주어졌다. 말이란 마음의 대변자요, 영혼의 모습이다."

그러나 그후 18세기 프랑스 정치가 탈레랑(C. Talleyrand-Périgord 1754~1838)은 그 말을 비틀어 이렇게 바꿔 놓았다. 즉, "말이란 생각하는 것을 속이기 위해 인간에게 주어졌다."라고. 말하자면 인간의 심리를 꿰뚫는 적나라한 표현이라고 하겠다.

탈레랑은 진보적인 승려로서 국민의회에 솔선 참가했으며, 헌법의회에서 정치와 종교를 분리시키는 교육안을 발표한 바 있다. 그는 나폴레옹 치하에 외무상, 그후 부르봉 왕조의 외상, 1830년의 7월 혁명 이후 런던 대사 등 고전적 외교의 대표자라고 할 수 있다.

탈레랑은 사람의 심성을 꿰뚫는 지혜가 있었던 인물로 알려지고 있다. 그러기에 그의 충고에는 이런 것도 있다. "최초의 충동을 경계하라. 최초의 충동이란 선량한 것이기 때문이다." 또 "무언가 기쁜 일이 생기거든 반드시 친구에게 알려주라. 친구들에게 괴로운 맛을 주기 위해서." 따위를 들 수 있다.

각설하고, 과연 말이란 생각하는 것을 속이기 위해 인간에게 주어진 것일까? 몰리에르와 탈레랑의 중간을 잇는 시

기에 프랑스의 시인이며 극작가요 철학가였던 볼테르(Vol-
taire 1694~1778)의 철학적 대화(對話)인 ≪거세(去勢)
한 닭과 젊은 암탉≫을 보면, 거세한 닭이 인간을 다음과
같이 혹평하고 있다. 즉, "그들은 자기네의 부정(不正)에 권
위를 부여하려 사고를 동원한다. 그리고 말이란 그 사고를
속이기 위해서만 쓸 따름이다."라고 말이다.

허영의 거리

'허영의 거리'(영어로 Vanity Fair)라는 말을 최초로 사
용한 것은 17세기 청교도 작가였던 존 번연(Jhon Bunyan
1628~1688)이다. 그는 크롬웰의 혁명에 가담해서 투옥되
었을 때 옥중에서 유명한 ≪천로역정(Pilgrim's Progress)
≫이라는 종교적인 우의(寓意) 소설을 썼다. 더구나 이 작
품은 우리 나라에 최초로 소개된 서양 문학으로서도 유명한
데, 1895년에 영국 선교자 게일(J.S.Gale)이 한글로 번역
한 바 있다.

번연은 역시 위대한 청교도 작가였던 밀턴(John Mil-
ton 1608~1674)과 거의 동시대의 인물이다.

≪천로역정≫은 2부로 되어 있으며 제1부는 1678년에,
제2부는 1684년에 출판되었다. 제1부의 내용을 살펴보면
주인공인 크리스찬이 복음전도자(福音傳道者)의 부조로 발
심(發心)의 문을 통하고 주해자의 집에 들어가 십자가의
앞을 지나 곤고(困苦)의 언덕에 올라 마왕과 싸워 허영의

거리에 수감되었다가, 예루살렘에 들어가 죽음의 강을 건너 신의 도시에 이른다는 줄거리다. 제2부는 뒤에 나온 크리스찬의 아내 크리스차나가 4명의 아들과 친구 머시와 함께 남편의 뒤를 따라 신의 도시로 간다는 줄거리다.

그 내용이란 기독교 신앙생활을 여로(旅路)에 비유해서 통속적으로 쓴 것이나 영국에서는 성서 다음으로 많이 읽힌 책이라고 한다. 한편 더욱 흥미로운 것은 작자인 번연의 초기의 생애다. 베드퍼드(Bedford) 출생인 그는 시골에서 초등 교육밖에 받지 못한 데다가 땜장이라는 천직(賤職)의 장인이었다. 그런데 그가 결혼했을 때 아내가 가지고 온 두 권의 종교서적을 읽은 것이 계기가 되어 번연은 열렬한 신앙심으로 불타올랐고, 그때부터 성서를 몇 번씩이나 속독했다고 한다. 그후 그는 비국교파의 전도사가 되어 포교를 위해 각지를 순회했던 것이다.

그러면 이제 《천로역정》의 원전(原典)을 잠깐 살펴보자.

"황야의 밖으로 나왔을 때 두 사람은 머지않아 그 앞에 '허영'이라는 이름의 거리를 보았다. 또한 그 거리에는 '허영의 시'라고 하는 도시가 서 있었다. 그것은 연중 서는 것이다. '허영의 시'라는 이름을 갖고 있는 것은 그 시가 서는 거리가 거짓스러운 것보다도 가볍기 때문이며, 거기서 팔리고 있는, 혹은 그곳으로 가는 모든 것이 허영이기 때문이다……. 그 시장이라는 곳은 온갖 종류의 허영이 팔리는 곳이다. 이를테면 집이라든지, 토지라든지, 지위이거나 명예든지, 품계(品階)며 나라라든지, 왕국이라든가 색욕(色慾)이

거나 환락이든지, 또한 모든 종류의 쾌락, 이를테면 창녀라
든지, 포주든지, 아내거나 남편이며 자식이든지, 주인이든
가 비복(婢僕)이거나 생명이며 피든지, 육체거나 영혼이든
가 은이거나 금이든지, 진주며 보석이든가 그밖에 모든 것
이다."

이 밖에도 작가는 사기·도박·악한·절도·살인·간통 등등
이 모든 죄악을 무료로 볼 수 있는 곳이 '허영의 거리'라고
지적하고 있다.

그런데 '허영의 거리' 하면 19세기 작가인 사커리(W.M.
Thackeray)가 쓴 소설 《허영의 거리(Vanity Fair)》가
있기도 하다. 사커리가 1847년에 집필해서 이듬해에 완성
한 이 작품은, 나폴레옹 전쟁의 혼란을 배경으로 하는 영국
빅토리아 조(朝)의 중류 및 상류 사회의 허영과 속물적인
처사들을 사실적으로 풍자한 것이다. 그러나 '허영의 거리'
는 항상 존재하고 있지 않은가.

미녀와 야수

《미녀와 야수》는 장 콕토의 연출로 영화화되어 우리
나라에도 소개된 지 오래다. 그러나 유럽에서는 예로부터
알려진 얘기다. 그 중에서 18세기 중엽에 프랑스 어로 번
역된 것이 가장 대표적이라고 알려져 있다.

어떤 상인이 딸의 부탁 때문에 괴물이 소유하는 정원에
들어가 장미꽃을 따게 된다. 괴물은 노발대발해서 딸을 바

치지 않으면 상인을 죽이겠다고 위협했다. 어쩔 수 없이 상인의 딸은 희생을 각오하고 괴물에게 찾아갔다. 그런데 이상스럽게도 그 무서운 야수는 우아한 왕자로 변신했다. 딸의 헌신으로 악마의 저주가 풀린 것이다. 그리하여 둘은 축복 속에 짝을 이루게 된다.

≪개구리 왕자≫·≪백조의 호수≫ 등 옛날 얘기는 사람이 변신하는 줄거리가 많은데, 여기에는 실상 건전한 교훈이 숨어있다고 본다. 즉, 괴물처럼 보기 흉한 남자일지라도 어진 왕자처럼 고귀한 정신이 깃들어 있는 경우도 있다. 그 반대로 겉보기에는 어진 왕자처럼 고귀하지만 야수와 같은 못된 본성이 숨어있기도 하다.

그런데 영국의 세기말 작가인 오스카 와일드(Oscar Wilde 1856~1900)는 이런 역설을 늘어놓기도 한다. 즉 "외견(外見)으로 판단하지 않는 만큼 천박한 노릇은 없다."라고 말이다.

의학의 유례없는 가장 심오한 비밀

네덜란드의 유명한 의학자인 부르하페(Hermann Boerhaave 1668~1738)는 70세로 운명했다. 그의 유산이 경매되었을 때 꽉 봉인된 한 권의 책이 나왔다. 그 표제는 ≪의학의 유례없는 가장 심오한 비밀≫이라고 씌어있었다.

부르하페로 말하면 라이덴(Leiden) 대학의 의학 및 식물학 교수로서 대학 식물원의 식물 목록을 만들었고, 새로운

식물을 소개했는가 하면 의학상에 있어서는 소화생리(消化
生理)의 지식에 공헌했고, 간선(肝腺)의 존재를 확인하는
등 업적이 큰 유명한 의학자였다. 그랬기 때문에 그 책에는
지금까지 알려지지 않은 생명을 유지하거나 연장하는 의학
상의 원칙이나 처방이 씌어져 있으리라고 여겨졌다.

그래서 그 책 경매에는 수많은 학자들이 저마다 사려고
경합(競合)했다. 그러자 가격이 점점 올라서 1만 구르덴이
라는 고액으로 어떤 학자에게 낙찰되었다. 그 사람은 자기
가 세계 최대의 보물을 손에 넣었다고 여겼다.

그는 비밀이 씌어졌다는 그 책의 봉인을 떼었다.

과연 그 책에는 무엇이 씌어있었던가. 어떤 페이지나 백
지였으나 단지 첫 페이지에 커다란 글씨로 다음과 같이 씌
어있었다.

'머리를 식히고, 다리를 따뜻하게 하여, 몸이 불편한 모
양이 되지 않도록 하라. 그리하면 그대는 모든 의사를 조소
(嘲笑)할 수 있도다!'

존 불(John Bull)

포프, 스위프트, 아바스노트, 게이 등은 18세기 영국의
토오리(보수)파 문인들이다. 1710년경에 이들은 스크리부
리라스 클럽이라는 문학회를 만들어 풍자를 즐기면서 각자
독특한 풍자적인 문학작품을 만들기로 약속했다.

그리하여 알렉산더 포프는 그의 대표작인 ≪우자열전(愚

者列傳)≫을 썼고, 조나단 스위프트는 너무도 유명한 ≪걸
리버 여행기≫를 썼으며 또한 존 게이는 ≪걸인(乞人)의
오페라≫(흔히 삼문(三文)오페라라고 한다)를 썼다.

역시 같은 회원이며 본업이 의사였던 존 아바스노트는
≪존 불≫이라는 것을 썼다. ≪존 불≫의 내용은 그 당시
스페인의 계승전쟁을 개인간의 다툼으로 비유하는 세상 애
기로 다루었던 것이다. 그런데 그 작품에 나오는 영국인의
이름이 존 불이었다.

오늘날 영국인의 별명이 존 불이 된 것은 바로 그 작품
때문인 것이다. 그런데 '불(Bull)'이란 거세하지 않은 황소
를 가리키는 뜻이기도 하다. 여하간 영국인을 존 불이라고
부르는 것은 흥미로운 별명이라 하겠다.

글은 인간 그 자체다

이 말은 18세기 프랑스의 저명한 박물학자(博物學者) 뷔
퐁(G. Buffon 1707~1788)이 1753년에 프랑스 아카데
미에 들어갔을 때 행한 취임 연설인 〈문체론〉에 들어있다.

그는 파리의 왕실 식물원과 박물관에 관장으로 재임하면
서 ≪박물지(博物誌)≫ 간행을 위해 수많은 자료 수집과
연구에 골몰했다. 그 결과 그가 저술한 대저(大著)인 ≪박
물지≫는 44권의 방대한 것이 되었다. 이 저서는 문학적으
로도 높이 평가되고 있거니와, 여러 가지 동물의 습성을 극
히 문학적인 필치로 묘사함으로써 아름다운 에세이라는 칭

송을 받고 있다.

더구나 뷔퐁의 〈문체론〉은 문장의 질서를 중시하며 평이하면서도 밝은 표현과 난잡하고 전문적인 용어는 되도록 피할 것 등을 지적하고 있는 18세기 비평사의 한 페이지를 이루는 명문이다. 그의 〈문체론〉의 논지(論旨)는 다음과 같다.

'훌륭하게 씌어진 작품은 후세에 전달되는 유일한 것이리라. 광범위한 지식, 사실의 특이성, 새로운 발견 등 이 모든 것이 포함되어야 할 저술이 지엽말절(枝葉末節)에만 치우쳐 있다면 불멸의 보장을 받을 수 없다. 또한 만약 취미며 고귀성 및 재능이 없는 문장으로 씌어졌다면 여하한 저자일지라도 소멸되고 말 것이다. 지식이며 사실의 발견 등은 쉽사리 남에게 빼앗겨 다른 곳으로 옮겨져, 아주 재간있는 자의 손에 의해 다시 고쳐 씌어지기 때문이다. 그러한 것은 인간사 밖의 것이기는 하나, 글이란 인간 그 자체다. 글이란 남에게 빼앗기거나 옮겨지거나 바뀔 수도 없다. 만약 글이 고상하고 고귀하여 숭고하다면, 그 저자는 모든 시대를 통해서 똑같은 존경을 받으리라.'

청탑 (파랑 양말)

청탑(靑鞜)이라는 것은 파랑 양말을 가리키는 말이다. 그러나 실상 그 뜻은 영국에서 일어난 부인 참정권 운동의 한 파(派) 내지 새로운 사상을 부르짖는 여류 문학가들을 가리키는 것이다.

18세기 중엽에 영국에는 몽타규(Montague) 부인이라고 하는 여류 문학가가 있었다. 그녀는 그다지 유명한 작품은 남기지 못했으나 그녀의 저택에서는 늘 문학좌담회가 열렸고, 그 주최자로서 이름 높은 부인이다.

런던의 힐 가(街)에 있던 그녀의 저택은 그 당시 인텔리 여성들의 집합소였으며, 저명한 문인들을 초청해서 문학 논의로 꽃을 피웠다. 그 당시 영국에서는 사교적인 밤의 모임이란 으레 춤이거나 트럼프 놀이였다. 그러나 그곳에 모인 부인들은 그런 저속한 것을 배격하고, 보다 의의있고 유익한 것을 추구하기로 한 끝에 문학좌담회를 갖기에 이르렀다. 런던 시내의 유수한 재녀(才女)가 무리지어 모여들었으니, 그 모임은 세속적인 사교계에 대한 일대 저항이 된 셈이다. 몽타규 부인의 저택 응접실은 그들로 항상 붐볐다.

그 무렵으로 말하면 부인들의 문학 살롱이라는 것은 특이한 것이었다. 더구나 그 자리에 출석하는 사람들은 거추장스런 정장을 피하고 평복으로 모였다는 것도 이른바 야회(夜會)의 상식을 타파한 셈이었다.

그 모임에 나오는 사람들 중에서도 특히 인기를 모은 이는 벤자민 스틸링프리드라는 남자 회원으로서, 그는 얘기 솜씨가 유달리 뛰어났다. 그런데 그는 늘 파랑색 털실로 짠 양말을 신고 나왔다. 그 당시의 세태로는 모임에 참석할 때 검은 비단 양말을 신는 것이 신사 숙녀들의 상식처럼 되어 있었다. 말하자면, 그 모임은 그런 면에서도 파격적인 것이었다.

이 광경을 목격한 보스고웬이라는 한 해군 군인이 몽타규 부인의 문학회를 가리켜 '블루 스타킹 소사이어티(Blue Stocking Society)' 즉 '청탑회'라고 부르게 되었다고 한다.

그로부터 청탑 하면 그 모임에 드나드는 인텔리 여성들을 지칭하는 것이 되었고, 일반적으로는 여류 문인, 여류 문학 애호가 등을 일컫게 된 것이다. 그런데 일설에는 몽타규 저택의 살롱에 모이는 동인들이 모두 파랑 양말을 신었다고도 한다.

몽타규 부인 이외에도, 그런 종류의 모임이 비지 부인과 오드 부인의 저택에서도 열렸으나 그다지 주목의 대상은 되지 못했다. 역시 몽타규 부인이 '청탑의 여왕'으로 군림했던 것이다. 왜냐하면 몽타규 부인의 집에는 그 당시 영국 문단의 대가인 사무엘 존슨을 비롯해서 화가인 조슈아 레놀즈, 정치가인 에드몬드 바크 등이 출입했다. 더구나 사무엘 존슨은 몽타규 부인을 칭송하기를 '문학상의 지식에 관해서는 영국에서, 따라서 세계에서 제일 가는 여성'이라고 했을 정도다.

그녀의 저택에는 모임을 위해 여러 개의 방이 마련되어 '중국실', '큐피드실', '깃털실' 등이 있었다. 그곳에 모인 여성들은 지적인 사교계의 중심이 되었다. 청탑회 부인들은 문학뿐만 아니라 부인의 사회 참여며, 여성의 지위 향상 등에 크게 이바지했다.

청탑파 여류 문학 운동과는 전혀 별개의 것이면서 뒷날

의 것이기는 하나 고답파(高踏派) 문학 운동이 있었음을 간략하게 부기해 둔다.

고답파란 프랑스 어의 파르나시앙(Parnassiens)을 뜻한다. 즉, 19세기 후반에 프랑스 시단(詩壇)에 일어난 예술지상주의파를 가리킨다. 레콩트 드릴르(Leconte de Lisle 1818~1894)를 그 대표적 시인으로 하며, 고티에 (Gautier), 보들레르(Baudelaire), 방빌(Banville), 말라르메(Mallarme), 베를레느(Verlaine) 등이 참가하여 ≪현대 고답시집≫을 간행했다.

고답파의 특징은 고전주의와 철학적·회화적 이미지를 중시하는 형식미(形式美)를 추구했던 것이다. 그러나 그후 말라르메와 베를레느는 상징주의 시운동으로 기울게 되었다.

나에게 자유를 달라, 아니면 죽음을 달라

이 말은, 미국의 독립 전쟁 때인 1775년, 버지니아 식민지의 지사인 패트릭 헨리(Patrick Henry 1736~1799)가 버지니아 대의원 총회에서 행한 연설의 말미에 나오는 명문이다.

자치 독립을 원하는 북미주의 영국 식민지들은 본국의 이익만을 추구하는 영국 본토에 대항하였으므로, 마침내 미국독립전쟁으로 발전할 운명에 직면하고 있었다.

남쪽 버지니아 식민지에서도 이제 분명한 태도를 밝힐 때가 박두했다. 그때 패트릭 헨리는 단호한 결단을 내렸다.

영국 본토에 대한 간청이나 타협의 시기는 이미 지났던 것
이다. 이제 다만 남은 것이란 감연히 일어나 무기를 들고
자유를 찾기 위해 싸우는 길밖에는 없다. 그래서 패트릭은
외치게 된 것이다.

“사태를 경솔히 말하는 것은 소용없는 일이올시다. 여러
분은 평화, 평화 하고 외칠지 모릅니다. 그러나 평화는 없
는 것이올시다. 이제 전쟁은 시작되고 있습니다. 북쪽에서
불어닥칠 다음 바람은 창칼이 맞부딪쳐 울리는 소리를 우
리의 귓결에 전해줄 것입니다. 우리들의 동포는 이미 싸움
터에 있습니다! 어째서 우리는 수수방관하고만 있습니까?
여러분이 희망하는 것은 무엇입니까? 무엇을 바라고 있습
니까? 생명이 존재하고 평화가 감미롭다 하여 쇠사슬에 얽
매여 노예가 되어도 좋다는 것입니까? 어림도 없는 소리!
다른 사람들은 어떤 길을 택할는지 모릅니다. 그러나 이 나
만은 외칠 것입니다. 나에게 자유를 달라, 아니면 죽음을
달라고……”

실로 그것은 피끓는 자유와 정의를 위한 적절한 외침이
었다. 어찌 모두들 듣고서 앉아있을 수만 있었겠는가.

이렇듯 패트릭은 독립전쟁을 위한 선봉에 나섰던 것이다.

그는 1765년에 버지니아식민지의회 대의원이 된 이래로
영국 본토의 인지법에 반대했고, 독립 전쟁 후에는 버지니
아 종교 자유령의 제정에 힘썼다.

그러나 헌법안에는 반대해서 드디어 권리장전인 헌법 수
정 제1~10조의 추가에 성공한 바 있다.

내 죽은 다음에야 대홍수가 나든지 말든지 해라

이 말을 한 것이 프랑스 왕 루이 15세(1710~1774)라는 데 문제가 있다. 그로 말하자면, 18세기 후반의 대혁명의 기운이 이미 농후했던 시대의 국왕이다. 더구나 그는 루이 14세의 증손자로서 다섯 살 때 즉위했다. 그가 즉위하자마자 잠시 동안이긴 하나 오를리앙(Orleans) 공이 섭정으로 마음대로 휘둘렀다. 그후에는 샤토르 부인, 퐁파도우르 부인, 쥬 바리 부인 등 정부(貞婦)가 국정을 좌우함으로써 봉건제 말기의 국왕으로 어울리는 무능한 존재였다. 사치와 음탕으로 국민에게 과세를 부과하여 민원을 샀다. 그리고 폴란드계승전쟁(1733~1738), 오스트리아계승전쟁(1741~1748), 또한 7년전쟁(1756~1763)에도 참가하여 동서인도 식민지를 상실하였다.

더구나 백성들은 인권에 눈을 뜨고 있었고, 외국의 세력은 약화되는 부르봉 왕조를 흔들기 시작했다. 그런 어느 날 밤, 루이 15세는 애첩인 퐁파도우르 부인에게, 곰곰이 생각하더니 이렇게 말했다고 한다.

"그렇긴 하지만 내 눈에 흙이 들어가기 전까지는 지금 같은 상태가 그대로 계속될 것이오. 왕자가 어떻게든 훌륭하게 해결해 나가겠지. 내 죽은 다음에야 대홍수가 나든 말든 그뿐 아니겠소!"

그러나 역사가 슈케에 의하면 그 얘기는, 루이 15세가 로스바하 싸움에서 독일의 프리드리히(Friedrich) 2세에

게 패배했을 때, 퐁파도우르 부인이 왕을 위안하느라고 이
렇게 말했다고 한다. 즉,

"우리가 죽은 다음에야 대홍수가 나든 말든 그뿐 아니겠
어요."

그 자리에는 화가 라투르가 있었기 때문에 그 얘기를 그
가 직접 들었다는 것이다.

어서 먼저 하시죠, 영국의 여러분들!

1745년 5월 11일, 루이 15세가 거느린 프랑스 군은 벨
기에의 폰트노와에서 영국군과 대치하고 있었다. 영국군에
는 네덜란드 및 오스트리아 군이 합세하고 있었다. 그러나
영국군은 그 당시 큰 타격을 입은 뒤라서, 영국군 참모 칸
버란드 공은 군대를 삼각형의 밀집 부대로 편성해서 프랑
스 군의 중앙부를 타파할 계략을 세웠다. 그래서 좌우의 프
랑스 군을 밀어제치고 프랑스의 근위군(近衛軍) 진지에까
지 밀어닥쳤다.

양군(兩軍)이 50보 정도의 근거리에 접하게 되자 양군의
사관들이 각자의 부대 전면에 나와서 서로 인사를 건넸다
고 한다. 그때 영국군의 부장 로드 헤이가 대열에서 나오더
니 모자를 벗고 깍듯이 말했다.

"프랑스 근위군 여러분, 어서 사격들을 하시죠!"

그러자 프랑스 진영에서는 당데로슈 백작이 앞으로 나오
더니 큰 소리로 외쳤다.

"어서 먼저 하시죠, 영국의 여러분들! 우리들 프랑스 인들은 결코 먼저 쏘지는 않습니다.!"

실로 시의(時宜)에 어울리지 않는 어처구니없는 그 예의 때문에 프랑스 군은 큰 타격을 받았으니, 대뜸 가해온 영국군의 맹렬한 일제 사격에 프랑스 군의 제일선 부대는 거의 전멸하다시피 했다는 것이다. 그때부터 이 일화는 도무지 납득이 가지 않는 사교적 예의의 한 표본이 되었다.

군주는 국가 제일의 종이니라

계몽주의를 신봉하는 프로이센(Preussen) 왕 프리드리히 2세(1712~1786)는 카톨릭이건 프로테스탄트건 간에 달가워하지 않았다. 그러나 그는 이렇게 말했다.

"나의 국가에서는 모든 종교를 관용하지 않으면 안 되노라. 나의 나라에서는 각자의 뜻에 따라 행복을 누릴 수 있도다."

이런 말을 하는 프리드리히 대왕은 오히려 자유 사상가 쪽을 존중했고, 신앙인들을 조소했다.

특히 대왕이 싫어하는 것은 기적을 믿는 일이었다. 왕의 테이블 위에는 분천(噴泉)이 있었는데 거기서는 향기로운 물이 힘차게 솟아오르도록 장치가 되어 있었다. 그런데 한번은 궁정의 담당자가 아무리 애를 써도 물이 솟아나오질 않았다. 그리고 얼마 안 있어 별다른 손을 쓰지도 않았는데 분천에서 물이 뿜어나오기 시작했다. 그때 대왕은 미소를 지으면서 바스티아니 사제(司祭)에게 물었다.

"카톨릭 교국에서는 이런 것을 기적이라고 하지 않으오?"

그러자 사제는 침착하게 대답했다.

"그렇지만 폐하가 계신 곳에서만은 무리한 일이라고 여기나이다."

또 이런 일화도 있다. 어떤 프로이센 병사가 수도원의 성모 제단에서 은그릇을 훔쳤다. 그러나 병사는 마리아가 자기의 곤궁을 불쌍히 여겨서 은그릇을 훔쳐도 된다고 허락했다고 했다. 프리드리히는 그 병사의 심정을 간파하여 카톨릭 승려에게 그러한 기적이 있냐고 물었다. 승려는 그런 가능성이 있다고 인정하지는 못했다. 도둑맞은 수도원의 노여움은 아랑곳없이 프리드리히 대왕은 도둑질한 병사를 용서했다. 그러나 꾸짖기를,

"너는 앞으로 또 다시 마리아의 선물을 받아서는 안 되니라."

고 했다.

이런 얘기도 있다. 베를린의 카톨릭 교회 성직자가 프리드리히 대왕을 찾아와서 성체축일(聖體祝日) 행렬을 거행하겠노라고 청원서를 제출했다. 그러나 프리드리히는 대답했다.

"나는 축일 행렬을 허락하노라. 그러나 베를린 거리의 아이들이 그것을 허락할는지 어떤지는 별개의 문제인 것이다."

즉, 왕 자신은 거리 어린애들의 구경거리에 지나지 않는

행사에 별로 관심이 없다는 뜻의 야유를 한 것이다.

각설하고, 그는 절대주의 시대의 전형적 군주로서 18세기 유럽에 그 용맹을 떨쳤다. 그는 국무의 여가를 틈타서 독서와 음악을 즐겼고, 교양있는 친구들과 사귀었다. 1738년에는 《유럽의 정치적 현상에 대한 고찰》을 출간해서 그의 높은 식견을 발휘했다.

그는 프리드리히 빌헬름 1세의 아들로서 1740년에 즉위했다. 그는 오스트리아에 대하여 실레지엔(Schlesien)의 상속권을 주장함으로써 2차에 걸친 실레지엔 전쟁이 일어났고, 그 결과 경제적으로 중요한 실레지엔을 실력으로 병합시켰다.

그는 전후(戰後) 약 10년간 평화로운 시기에 계몽전제군주로서 국내 행정을 이끌면서 국내 각지를 순찰, 지방 관료들과 인격적 결합을 강화했다. 또한 정기적인 군사 훈련을 실시해서 군력(軍力)을 증강시켰다. 그리고 산업을 장려했는가 하면 재정적으로 농민에 대한 보호 정책을 쓰는 등, 프로이센을 부흥시키고 국가적 지위를 향상시키는 데 크게 기여했다. 그러기에 그에게는 다음과 같은 유명한 말이 있는 것이다.

"군주는 그 국가 제일의 종이니라."

말하자면 백성들을 위해서 가장 일을 많이 해야 하는 게 군주임을 일찍이 간파한 명석한 인물이었던 것이다.

올드 랭 사인 (Auld Lang Syne)

해마다 연말이 되면 으레 이 노래를 부르게 마련이다. 본래 이것은 스코틀랜드의 옛 민요였는데, 스코틀랜드의 대표적 시인인 동시에 영국 방언(方言) 시인의 제일인자인 로버트 번즈(Robert Burns 1759~1796)가 자기 영감(靈感)을 불어넣어 부활시킨 것이다.

번즈는 스코틀랜드 서남부인 에어셔(Ayrshire)의 가난한 농가에서 태어나 농사일로 고된 나날을 보내며 자랐다. 그는 어린 시절을 소작(小作) 경작인으로 일하면서 '즐거움이 없는, 또한 노예와 같이 숨쉴 새가 없는' 생활이었다고 소년기를 회상한 바 있다. 그는 그러한 고통스러운 생활 속에서도 그의 대표작 ≪소작 농가의 토요일 밤(The Cotter′s Saturday Night)≫을 비롯해서 ≪새앙쥐에게(To a Mouse)≫ 등 수많은 작품을 썼다(1784~1788). 그러나 너무도 고된 노동 때문에 젊은 나이에 이미 등이 굽어졌고, 자주 두통을 앓거나 우울한 나날 속에 시달려야 했다.

번즈가 최초로 간행한 시집(1788년)은 큰 반응을 일으켜 온 나라 안에 널리 퍼졌다. 그 시집에는 스코틀랜드의 아름다운 풍물들이 소박하면서도 짙은 감동을 불러일으키는 것이었다. 그의 시집은 밭갈이하는 농부며, 하녀들이며, 노동자들도 푼돈을 털어 사볼 정도로 폭넓은 호응을 얻었다.

그는 두번째 시집을 내고 5백 파운드라는 수입이 생겼

다. 비로소 조그마한 농장을 엘리슬란드(Ellisland)에 마
한 그는 아머(Jean Armour)와 결혼했다. 그러나 경영에
실패함으로써 그에겐 또다시 빈곤이 뒤따랐다.

그러나 그의 스코틀랜드에 대한 불타는 조국애와 민중에
대한 애정, 자연에 대한 찬미는 37세라는 젊은 나이로 요
절하기까지 변함없었다.

'올드 랭 사인'도 그런 것의 하나임은 두말할 나위 없다.
그 표제의 의미는 'Old Long Since(오랜 옛날)'를 뜻하는
것으로서, 가사의 내용은 어린 날 친구들과 어울려 산과 들
을 뛰놀던 때를 그리워하는 추억을 담은 것이다. 처음의 작
곡은 다른 것이었으나 나중에 오늘과 같은 가사에 알맞은
곡이 붙여졌다. 오늘날에는 이 노래가 세계 각국에서 '이별
의 노래'로서 불리고 있다.

이 노래를 들을 때면 스코틀랜드 사람이 아닌 우리들에
게도 고향을 추억케 하는 바가 있다. 그러므로 향토애(鄕土
愛)에 불타는 스코틀랜드 인들에겐 실로 절절한 그리움의
노래가 아닐 수 없으리라.

스코틀랜드 인들은 오랜만에 정다운 친구며 가족들이 모
였다가 헤어질 때면 '올드 랭 사인'을 부른다고 한다. 그때
탁자에 둘러앉은 그들은 왼손을 오른쪽으로, 오른손은 왼쪽
으로 교차시켜서 서로 마주잡고 노래를 부른다는 것이다.

그 가사의 마지막에는 '자아 나의 친구여, 여기 내 손이
있다네. 그대의 손을 나에게 다오'라고 되어있듯이, 정다운
우정과 향토애에 불타는 따뜻함을 연상케 한다. 향토애며

조국애가 희박해지는 오늘의 세태를 생각할 때 그런 사람
들을 한심스럽다고 나무라기에 앞서서, 나는 오히려 '올드
랭 사인'을 부르는 스코틀랜드 사람들의 따스한 피가 통하
는 고결한 마음씨에 절로 고개가 숙여질 따름이다.

샌드위치

빵 사이에다 햄(ham)이나 야채 샐러드를 끼운 것을 가
리켜 샌드위치라고 한다. 그와 같은 이름이 나온 것은 18
세기 켄트 주(州)의 영주였던 샌드위치 백작(1718~179
2)에게서 유래한다.

이름이 존 몽타규(John Montague)라고 하는 이 영주
는 식사를 마다할 정도로 도박광이었다고 한다. 그는 트럼
프를 손에 잡으면 온종일, 그리고 날이 새도록 도박을 즐기
며 탁자를 떠나지 않았다는 것이다.

그러나 아무리 도박이 식사보다 즐겁더라도 먹지 않고는
배겨날 수 없는 노릇이니, 자연히 식사를 도박 자리에까지
가져오게 해야 했다. 그렇지만 나이프나 포크를 사용해야
하므로 번거로울 수밖에 없었다.

그래서 샌드위치 백작은 간단한 식사법을 고안해 냈다.
즉, 두 조각의 방 사이에다 반찬을 끼우면 포크나 나이프가
필요없게 된다. 그때부터 그런 식사법이 곧 샌드위치라는
이름으로 영국에서 보급되기 시작했다는 것이다.

샌드위치(sandwich)라는 말의 기원을 살펴보면, 1765

년경 런던에 살았던 그로스리라는 사람이 쓴 ≪런던≫이라는 책에 나온다. 그가 지적하기를, '최근 샌드위치라는 말이 사용되기 시작했다'하는 것으로 보아 샌드위치 경(卿)의 새로운 식사법인 샌드위치가 그 무렵 런던에서 한창 유행했던 모양이다.

한편 샌드위치와 비슷한 식사는 일찍이 고대 로마에서 '오프라'라고 부르는 것이 있었고, 로마 인들이 즐겨 먹었다는 기록도 있다.

상하(常夏)의 섬들인 하와이 제도를 가려켜 예전에는 샌드위치 제도라고 부르기도 했다. 즉, 1778년에 영국의 선장인 쿠크(Cook)가 발견해서 그렇게 명명한 것이다. 그런데 그러한 명명도 먼저 밝힌 샌드위치 백작과 연분이 있다. 왜냐하면 본래 샌드위치란 영국 켄트 주에 있는 옛 항구 도시의 이름이기 때문이다.

여하간 샌드위치는 본래 샌드위치 백작에 의해 생겨난 영국식이 구미 각국에도 보급되어 각 나라의 식성에 맞게 조금씩 변화되었다. 프랑스 식은 빵 사이에다 옴리트나 달걀을 넣는 것이고, 소시지를 넣는 것은 독일식, 치이즈를 넣는 것은 미국식이다.

지금은 그다지 많이 볼 수 없으나 서울 변두리 극장 근처의 동리에는 이따금 샌드위치맨(samdwichman)을 볼 수 있다. 극장 선전 광고를 네모난 상자에 붙이고 그 속에 들어선 채 걸어다니는 광고 선전원 말이다. 그 단어도 역시 빵의 샌드위치에서 유래하고 있다.

3퍼센트의 진실

경구(警句)의 대가인 리히텐베르크(Lichtenberg 1744 ~1799)는 말하기를, "매우 중요한 것은 관(管)을 통하고 있다. 실제로 그것을 증명하는 것은 남자의 생식기와 펜과 소총(小銃)이다. 그러므로 인간이란 착잡한 관의 다발이 아니면 무엇이란 말인가?" 라고 함으로써 흥미있는 제시를 하고 있다.

한번은 리히텐베르크가 그해의 신문을 모두 철해서 책처럼 읽어보았다고 한다. 왜냐하면 신문이란 어떤 것인지, 그 전체의 인상을 객관적으로 살피자는 목적 때문이었다. 그는 그 결과를 이렇게 밝히고 있다.

"나는 두번 다시 이런 일을 하지 않을 것이다. 수고의 대가가 없기 때문이다. 대략 50퍼센트의 그릇된 희망과 47퍼센트의 그릇된 예언과 3퍼센트의 진실밖에는 아무것도 없다."

과연 오늘날의 신문은 그러한 퍼센티지가 어떻게 변했는지 모르겠으나, 그의 표현은 신문의 진실성을 논할 때 외국에서 흔히 인용되기도 한다.

리히텐베르크는 숱한 경구를 밝힌 바 있는데 신문 기사에 대해서 이렇게 혹평하기도 했다.

"그들은 조국애의 견지에서 볼 때, 우리들의 조국을 심하게 웃기는 따위의 기사를 쓰고 있다."

말하자면 허위 보도가 심하다는 것을 지적하는 말이다.

하이든과 같은 훌륭한 재질

찬란한 햇빛 속에 알프스 산맥이 달리고, 맑은 거울처럼 산 그림자가 드리운 푸른 도나우 강이 시정에 넘쳐흐르는 강줄기를 따라 소년은 먼 연주 여행의 길에 오르고 있었다.

전설같은 옛 성이 푸른 산기슭에 우뚝 서 있는가 하면 조는 듯한 평화로운 마을들이 보이고, 그래서 아버지를 따라가는 여섯 살짜리 소년 모차르트(W. Mozart 1756~1791)는 여로의 피곤도 잊은 채 저녁 무렵 어떤 큰 사원에 이르렀다.

모차르트는, 저명한 바이올리니스트이며 악사장인 아버지 레오폴드에게 잠시 오르간의 페달을 밟는 법을 듣고 나더니 곧 페달을 밟으며 건반을 누르기 시작했다. 장엄한 대사원의 정적을 깨뜨리며, 흡사 바람결에 흐르는 바이올렛 꽃향기인 양 그윽한 화음이 오늘의 시정어린 정경을 재현하듯 울려퍼지기 시작했다. 때마침 식사를 하고 있던 사원의 승려들이 하나 둘 모이기 시작하더니 빙 둘러싸며 경탄하는 것이었다. 신동(神童)이라는 소리가 여기저기서 튀어나왔다.

이 최초의 연주로부터 유럽 각지의 공연을 마치고 오스트리아의 빈(Wien)에 돌아왔을 때 한 신부는 그의 재질을 인정하려 들지 않았다. 신부는 모차르트 소년을 시험하기 위해 방에다 감금을 하고 작곡을 하라고 지시했다. 펜과 오선지, 그리고 하루 세 끼의 식사를 하인이 날라다 주는 이외엔 일체 외부 접촉마저 금했다. 과연 모차르트 소년은 훌륭한 미사곡을 지었으니, 궁정 음악대가 그 곡을 연주했을 때 박수갈채가 터진 것이다.

모차르트는 15세 때 이미 그 당시의 작곡 양식에 통달했으며, 피아니스트로서 유럽 각지를 연주하며 명성을 떨쳤다. 모차르트는 고결한 인격자이며 진실한 우정의 소유자였다. 뛰어난 재질을 가지면 흔히 오만해지고 남을 경멸하기 쉬운 노릇이나 역시 그는 위대한 예술가의 풍모를 지녔던 것이다. 그는 특히 하이든(F. Haydn 1732~1809)과 돈독한 우의를 나누었다. 더구나 하이든은 작곡에 있어서 간혹 모차르트의 지도까지 받았다.

한번은 빈의 어떤 교수가 하이든의 작품에 대해 과오가 있다고 힐난했다. 그러자 모차르트는 과연 무엇이라고 응답했을까.

"그건 모르시는 말씀이외다. 당신과 내가 하나가 되어서 지혜를 짜내도 도저히 우리는 하이든과 같은 훌륭한 재질을 발휘할 수 없답니다."

이렇듯 모차르트는 겸손하게 하이든을 높이 평가했다. 하이든 역시 그의 고귀한 인격을 가리켜 자기 친구에게 다음과 같은 편지를 했다.

'모차르트의 그 불멸의 작품을 찬미하는 나의 마음을 음악을 사랑하는 사람들의 마음 속에 불어넣을 수만 있다면, 어느 나라에서나 실로 보배로운 창고를 이룰 수 있으리라. 모차르트는 유례가 없는 대가이며, 누구에게도 아부할 줄

모르던 위대한 사람이다. 나는 그와 얘기를 나눌 때 감격하지 않을 수 없으며, 나는 다만 그를 존경한다.'

명성으로 유럽을 떠들썩하게 했던 모차르트도 위대한 예술가들이 대개 그랬듯이 가난에 시달렸다. 추운 겨울 방에 난로를 때지 못해 손이 얼어서 작품을 쓸 수 없을 정도가 되면, 아내를 부둥켜안고 미친듯이 방안을 돌며 춤을 추어 몸이 녹은 뒤에 다시 펜을 들었다는 일화는 눈물겨운 정경을 연상케 하지 않을 수 없다.

그는 35세라는 짧은 생애를 마치기까지 하이든과 더불어 단선율(單旋律) 음악을 확립하여, 소나타 형식을 포함한 교향곡·주명곡·실내악·협주곡 등의 형식을 정리하여 근대 관현악법의 전형을 이루었다. 오페라〈피가로의 결혼〉·〈돈 조반니〉·〈마적〉 등을 비롯하여, 작품으로〈피아노 주명곡〉·〈교향곡〉·〈실내악〉·〈피아노곡〉등 많은 창작을 했다.

더욱 빛을!

나폴레옹이 바이마르(Weimar) 공국(公國)을 침입하여 나라 안이 크게 동요되었던 이듬해인 1832년 3월 22일, 괴테(Johann Wolfgang von Goethe 1749~1832)는 무성한 숲에 싸인 저택의 서재에서 "더욱 빛을!"하면서 임종을 고했다고 한다. 그 한 마디야말로 시성(詩聖) 괴테의 밝은 인생관을 엿보게 하는 것이며, 평생을 구도(求道)에 바쳤던 그의 생활을 가장 잘 표현했다고 보겠다. 여하간 괴테에게 잘 어울리는 마지막 한 마디였다.

그가 임종의 자리에서 그런 말을 했다는 사실은 그 이듬해인 1833년에 베를린에서 출간된 괴테의 주치의 카알 포겔의 병상 보고서 별책에 있다. 즉,

"내가 이 임종의 방을 잠시 나갔던 사이에 '더욱 빛을!'하고 이분이 말한 게 최후의 말인 듯싶다. 이분은 어둠이라는 것을 싫어했던 것이다."

한편 1832년 6월의 〈일반문학신문〉에는 괴테가 하인인 프리드리히에게 말하기를,

"서재의 두번째 창문을 빛이 들어오게 열어주게나" 했다고 씌어있다.

그러나 인마만의 《회상록》(1840~1843)에 의하면 괴테는 임종 때에 아무 말도 하지 않은 채 조용히 타계했다는 설도 있다.

그런가 하면 믿을 만한 것으로는 그가 며느리에게 최후의 말을 하기를,

"애, 내 며늘아기야. 내 손을 잡아다오" 했다고 한다.

맥주는 우리를 즐겁게 하고, 책은 우리를 괴롭힌다

우리들의 책은 먼지투성이
훌륭하게 해주는 건 맥주일 뿐,
맥주는 우리를 즐겁게 하고

책은 우리를 괴롭힌다네.

이것은 흥미로운 괴테의 시다.

괴테는 포도주뿐 아니라 맥주도 즐겼다는 것을 알 수 있다.

독일은 맥주의 본고장인 탓으로 맥주에 관한 격언이나 시와 노래가 매우 많다. 그 중 특히 눈에 띄는 것을 몇 가지 들어보기로 한다.

'새해에 맥주를 마시러 가는 이는 젊어져서 빨갛게 된다.'

이것은 튀링겐의 격언이다. 오랜 세월 가장 좋은 맥주가 생산되던 북부 독일에서는 사육제 무렵에는 장수하기 위해 맥주를 마시던 풍습이 있었다.

'맥주는 영양이 되고 포도주는 여위게 한다.'

이것은 독일 근대의 격언이다. 맥주는 영양이 있는 게 사실이다. 그래서 맥주를 가리켜 '유동(流動)빵'이라고 부르기도 했다. 15세기경 사육제 축제 연주의 대사에는 다음과 같은 것이 있다.

'나는 그대들에게 맥주와 빵을 손에 쥐어주노라.

그리하여 그대들의 볼은 붉어지리라.'

독일 사람들의 경우는 어떤 음식을 먹을 때이건 맥주를 곁들였다고 한다. 그래서 브라운 슈바이크의 격언에는 맥주를 이렇게 권유한다.

'맥주 한 병과 소금에 절인 양배추는 의사에게서 금화 반쪽을 빼앗는다.'

이 격언의 뜻은 맥주와 소금에 절인 양배추는 건강에 좋기 때문에 병에 걸리지 않게 하고, 그래서 의사에게 치료비를 바칠 필요가 없다는 뜻이다.

함부르크같은 곳에서는 의사의 치료 약이 듣지 않을 때는 최후의 수단으로서 '만약 그게 듣지 않는다면 그대는 맥주와 빵이 살려줄 것이라'는 속담조차 있을 정도다.

여하간, 맥주의 본고장이자 역사가 긴 나라이고 보니 독일에서는 맥주에 대한 자랑이 대단하다. 그래서 심지어 사랑의 고민을 해소하는 시도 있다. 즉,

'큐피드의 화살을 맞았다면
맥주로 상처를 잘 씻으라!'

어쩌면 우리들에겐 생소한 얘기랄 수도 있다. 맥주가 물 값이나 진배없다니 말이다. 그러나 우리 전래의 막걸리도 세계적으로 뛰어난 술이고 보면 자부심을 갖고 식량 증산을 통해 진짜 막걸리 맛을 많은 사람들이 즐길 수 있게 해야겠다.

오로지 한 사람의 예술가

1827년 3월 26일 밤, 비바람이 휘몰아치는 가운데 운명을 극복한 위대한 예술가에게도 임종의 마지막 순간이 찾아왔다. 음악의 거장인 베토벤(Ludwig van Beethoven 1770~1827)은 고뇌에 찬 최후의 순간을 쓸쓸히 마쳤던

것이다.

'그는 오로지 한 사람의 예술가였다.
그는 모든 것을 인간에게 바치고 떠났다.
그는 인간에게서 받은 것은 아무것도 지니지 않고 떠나갔다.'

시인 그리루 파르첼은 베토벤의 무덤 앞에서 이렇듯 애끊는 추모의 시를 읊었던 것이다.

안개가 서린 백양나무 숲, 그리고 평화로운 목장의 언덕을 안고 목가처럼 흐르는 라인 강변의 도시 본(Bonn)에서 첫울음 소리를 터뜨렸던 베토벤은 태어나면서부터 거센 운명과 마주쳐야 했다. 주정뱅이 아버지의 회초리를 맞으며 극장의 오르간 연주자가 되어 식구들의 빵을 벌어들여야 했던 나이 어린 소년 베토벤. 그러나 시련의 길을 스스로 택하고, 22세의 가을에 그는 하이든과 모차르트가 군림하고 있던 음악의 수도 빈으로 떠났다. 그는 이제 운명의 문을 두드린 것이다.

"용기를 내자! 승리, 오로지 승리를 위하여."
'봄날의 들판을 거니노라면 아름다운 자연은
모두 아델라이데를 찬양하고 있다네
거울같은 강물을 보거나
눈에 덮인 알프스의 산을 보든가
노을진 황금색 구름을 보노라면
아델라이데여, 그대의 모습은 빛나고 있다네.'

그가 시인 마티손의 연가(戀歌) 〈아델라이데(Adelai-de)〉를 작곡하자 음악의 도시 빈은 비로소 그에게 환호성을 울렸다. 그가 무대에 나타나면 박수갈채가 터졌다. 그러나 그러한 명성과는 달리 생활은 지극히 가난했으니,

"예술가가 자기 예술 작품을 가지고 가면 필요한 물건을 주는 예술 창고같은 것은 없을까?"

하고 탄색했던 것이다. 가난은 또한 그에게 실연(失戀)만을 가져다주었다.

그는 아름다운 소녀 줄리에타를 사랑하여 〈월광(月光) 소나타〉를 바쳤다. 그러나 베토벤의 불안정한 생활은 그녀의 허영심을 만족시킬 수 없었다. 그녀는 베토벤을 배신하고 부호인 백작과 결혼한 것이다. 그러나 머지않아 베토벤은 그를 열렬히 사랑하는 제자 테레제와 다시 연정을 맺게 되었다.

'지금 내 넋은 한없이 높은 곳에 머물러있다. 모든 게 빛이다. 정결하다. 명랑하다. 지금까지 나는 길가에 뒹구는 조그만 조약돌만 줍고, 아름답게 피어있는 꽃은 보지 못하고 지나온 동화 속의 어린아이같은 존재였다.'

베토벤은 흰 나리꽃처럼 청초한 테레제와의 사랑을 기뻐하며 친구에게 이런 편지를 띄웠다. 그러나 역시 베토벤의 사랑은 열매를 맺지 못했다. 그는 다시 비탄에 빠져 신음해야 했다.

그러기에 그는 이렇게 수기(手記)에 밝히고 있다.

'운명에 대한 뼈아픈 인종(忍從). 너는 자신을 위해 존재

할 수 없다. 오직 남을 위해 살아야만 한다. 너에게 남아있는 행복은 오직 너의 예술 창조 속에만 있는 것이다. 오, 신이여, 내 자신을 극복할 힘을 나에게 주시옵소서!'

1800년경에 귀를 앓기 시작한 베토벤. 그에겐 실로 가혹한 운명의 시련만이 닥쳐왔다. 의사는 도저히 고칠 수 없다고 했다. 그는 외쳤다.

"운명의 모가지를 비틀어 줄 테다!"

1810년에 그는 귀머거리가 되고 말았다. 그는 신을 부르며 울부짖었다. 그것이야말로 어쩌면 생명의 심연에서 울려나오는 소리였는지도 모른다.

'나를 지탱하고 있던 가장 높은 용기도 이제는 사라졌다. 오, 신이여, 신의 뜻이여. 단 하루, 진실에 찬 환희의 날을 나에게 베푸소서. 참다운 희열이 있는 깊은 생명의 울림이 나에게서 떠난 지는 이미 오래 되나이다. 오, 신이여! 언제 나는 다시 환희를 만날 수 있나이까? 그날은 영원히 오지 않는 것입니까? 아니 그것은 너무도 잔인합니다.'

그러나 끝내 베토벤은 그 가혹한 운명의 시련 앞에 쓰러지지 않았다. 1823년 빈에서 연주된 그의 교향곡 제9번은 빈의 대중들을 압도했다. 거장의 대음악은 '환희의 대합창'이 되었던 것이다.

과연 베토벤은 오로지 한 사람의 위대한 예술가로서 그 후 4년만에 타계하였다. 그러나 그가 남긴 음악은, 아니 그가 주고 간 예술은 불멸의 선율 속에 영원히 숨쉬게 된 것이다.

결정작용

'다른 사람에게는 살짝 피부만 건드린 정도의 것이 나에게는 피가 날 정도의 상처를 준다. 1799년에 나는 그러한 남자였는데 1840년인 오늘에도 나는 역시 그러한 남자다.'

이것은 프랑스의 작가로서 근대 심리소설의 비조(鼻祖)인 스탕달(Stendhal 1783~1842)의 수기의 한 대목이다. 그만큼 스탕달은 예리한 감수성의 소유자였음을 실토하고 있다.

그의 최초의 저서는 너무도 유명한 1822년의 평론인 ≪연애론≫이다. 그는 연애를 네 가지로 구분하고 있다.

즉 첫째 '정열적인 연애', 둘째 '취미의 연애', 세째가 '생리적 연애', 네째는 '허영의 연애'다. 또한 그는 연애의 발생에 관한 장(章)에서 연애의 발생을 일곱 단계로 구분해서 너무도 유명한 '결정작용(結晶作用)'으로 설명하고 있다. 그는 연애를 심리학적으로 분석하려고 했으나 실제로는 자기 자신의 실연의 경험과 단편적인 고백을 한 것이다. 여하간 그의 ≪연애론≫ 하면 '결정작용'을 들지 않을 수 없다.

'사랑을 하는 남성의 머리를 하룻밤 동안만 생각하게 해 보라. 다음과 같은 결과가 나타날 것이다.

〈잘스부르크〉의 염광(鹽鑛) 속에 겨울철에 시들은 나뭇가지를 깊숙이 집어넣었다가 3개월 뒤에 그것을 다시 꺼내 보면 시들은 나뭇가지는 찬란하게 눈부신 소금의 결정으로 덮여있다. 산새의 보잘것 없는 가느다란 다리같던 나뭇가지

에 다야몬드처럼 눈부시게 아름다운 결정이 무수히 붙어
있다. 그리하여 이제는 나뭇가지의 옛 모습을 찾아볼 수 없
게 된다.

내가 말하는 결정작용이라는 것은 눈앞에 보이는 모든
것을 기초로 해서 사랑하는 대상이 여러 가지로 새로운 아
름다운 점을 가지고 있다고 생각하는 정신작용이다.'

오늘날 연애를 논하는 사람 치고 이 유명한 '결정작용'을
모르는 이는 없을 것이다. 그러나 이것이 발표되었던 그 당
시의 사람들은 별로 반응이 없었을 뿐 아니라 불가해(不可
解)한 책이라고 평했다.

장 프레보는 스탕달의 '결정작용'을 가리켜서,

"지난 세기의 심리학에 있어서 가장 풍부하고 충실하며
유일한 발견이었다고"고 격찬했다. 그처럼 치밀하게 연애
심리를 분석한 스탕달은 자기의 진정한 독자를 반세기 후
에야 얻기 시작한 셈이다.

스탕달의 명작인 ≪적(赤)과 흑(黑)≫에서는 주인공 줄
리앙을 통해 강력한 의지와 행동에서 나타나는 경탄할 만한
정열과 에너지를 볼 수 있다. 그러나 그가 무명 작가로서
죽기 1년 전인 1841년에야 비로소 발자크가 〈파리 평론〉
지에다 스탕달의 최후의 작품인 ≪파르므(Parme)의 승원
(僧院)≫을 격찬하는 장문의 평을 씀으로써, 세상 사람들의
이목을 끌게 되었던 것이니 안타까운 일이었다고나 할까?

그의 묘비명은 다음과 같이 썩어져 있다.

'밀라노 사람 앙리 베일(H. Beyle). 쓰고 사랑하고 살았

다. 향년 59세 2개월.'

그런데 묘비명이 본래는 '사랑하고 쓰고 살았다'였는데, 그의 문학적 공헌을 찬양하는 후세 사람들에 의해서 '쓰고 사랑하고 살았다'로 순서가 바뀌었다는 설이 있다.

'베일리즘' 하면 '정열과 자아 예찬에 의한 인생의 추구'를 뜻하는 것으로, 그것은 스탕달의 본명인 베일에서 딴 것이다. 그는 스탕달이라는 필명을 위시해서 무려 170여 개의 필명을 가지고 있었으며, 스탕달이란 이름은 독일의 조그마한 도시 이름에서 딴 것이라고 한다.

Ⅳ 근　　대

　　18세기가 4분의 3을 지났을 무렵에 미국이 독립했다. 또한 18세기가 문을 닫을 무렵에는 프랑스 혁명이 일어나 '자유 평등'을 부르짖는 그들의 손에 의해 절대주의 왕정이 몰락했다. 그것은 굉장한 동란(動亂)의 계절이었다. 국면이 뒤바뀌어 나폴레옹이 혜성처럼 나타났다 스러진 극적인 사건은 세계를 뒤흔들었다. 이 모든 것은 어쩌면 근대가 태어나기 위한 하나의 진통이었다. 그리하여 엇갈리는 희비의 명암 속에서 지극히 인상적인 숱한 고사 일화를 낳은 것도 당연한 결과였다고 본다. 즉, 그와 같은 것들은 인류사에 있어서 거대한 사건이었음은 의심할 여지조차 없는 것이다.

　　여하간 프랑스 혁명을 전후하는 시기의 문학 및 예술의 세계를 살펴보면 낭만주의의 불길이 타올랐음을 알 수 있다. 시성인 괴테의 경우를 보더라도 그의 젊은 날은 격정적인 문학 운동 속에서 《젊은 베르테르의 슬픔》을 낳았던 것이며, 이어서 바이런같은 시인이 나왔다. 정신 세계에도 큰 변화가 일어났다.

　　그로부터 역사는 급템포로 변전하면서 영국의 군림과 과

학의 발전, 자유민주주의의 전개 등등, 19세기로부터 20세기, 나아가 현재라는 거대한 역사의 흐름은 연달아 새로운 고사 일화를 낳기에 이른 것이다.

반역이 아니라, 혁명이다

1789년 7월 14일 밤, 파리의 군중들은 폭동을 일으켜 정치범 수용소로서 악명높던 바스티유(Bastille:要塞라는 뜻으로 14세기에 築城했음) 감옥을 습격하여 수비군을 죽이고 무기를 탈취하는 등 그곳을 점거했다. 그것이 바로 대혁명의 불씨였던 것이다. 바스티유는 전제정치하에 희생된 죄없는 사람들이 감금되어 옥고를 치렀던 곳이기 때문에, 이곳을 습격한 날은 뒷날 프랑스혁명 기념일이 되었고, 오늘날에는 프랑스의 가장 큰 국경일이 된 것이다.

이미 이 사건 이전부터 민심이 흉흉했던 것을 궁정에서 모르는 바는 아니었으나 왕실의 생활은 전과 다름없었다. 그날의 국왕 루이 16세의 일기를 보면 단지 한 마디로 '무(無)'라고 씌어져있다. 그것은 다름 아니라 그날도 국왕은 숲으로 사냥을 나갔으나 잡은 짐승이 한 마리도 없었다는 기록이다.

밤늦게 국왕의 측근자인 랑쿠르 공(公)이 바스티유 감옥 습격 사건을 보고하기에 이르렀다. 흥보에 접한 국왕은 놀라움을 감추지 못하고 큰 소리로 외쳤다.

"무엇이라고, 그건 반역이 아닌고!(Mais c'est une révolte!)"

그러자 랑쿠르 공은 명석하게 대답했다.

"폐하, 이건 반역(révolte)이 아니옵니다. 혁명(révolu-tion)이옵니다."

이런 일화는 물론 왕의 사회적 무관심과 무지를 나타내는 것이기도 하지만, 또한 프랑스 인들이 언어의 뉘앙스를 중시하는 전통을 가지고 있음을 보여주는 것이기도 하리라.

이어서 왕비인 마리 앙토아네트를 살펴보자. 그녀는, 계몽전제군주로서 이름 높던 오스트리아 여제(女帝)인 마리아 테레지아의 딸로 태어나, 1770년에 프랑스 황태자와 결혼했다. 그후 1774년에 루이 15세가 죽자 남편이 루이 16세로 즉위함으로써 자연히 프랑스 왕비가 되었다. 그녀야말로 몰락 직전의 프랑스 왕권의 최후를 상징하는 꽃다운 존재였으니, 그녀에 관해 영국의 작가며 역사가인 카알라일 (T. Carlyle 1795~1881)은 《프랑스 혁명사》에서 이렇게 야유하고 있다.

'이러한 동안에 아름다운 젊은 왕비는 눈부신 왕궁 안을 여신처럼 걸어다녀서 만인의 주목의 표적이 된다. 그녀는 국사(國事)뿐만 아니라 미래를 생각해 보는 일조차 없다. 하물며 그것을 겁낸다는 따위란 논할 여지도 없다. 현실의 존재이면서도 마법과 같은 환영이다. 왜냐하면 머지않아 진짜 암흑이 그것을 삼켜버리고 말지 않는가!'

그러한 왕비였고 보면, 학대받는 민중의 눈에는 가시같은 존재였다는 것을 쉽사리 짐작할 수 있다. 그녀의 사치·

허영·경솔·무지 따위는 비난의 표적일 수밖에 없었다. 베르사이유 궁전 밖에서 민중이 빵을 달라고 아우성치는 소리를 들은 왕비는 의심스럽다는 듯이,

"빵이 없다면 과자(brioche:빵과자)를 먹으면 될 텐데 그래"라고 했다는 일화가 있다. 모름지기 풍자 작가의 창작이겠으나 여하간 그녀의 민중의 생활에 대한 인식이 그런 일화 이상이었으리라고 여겨진다.

혁명이 일어난 뒤 루이 16세와 함께 오스트리아로 망명하려다가 체포되어, 1793년에 이윽고 앙토아네트는 처형되었다. 그런데 사형 선고를 받았을 때도 그녀는 태연한 채 얼굴 표정 하나 변하지 않았다고 한다. 그녀는 피아노를 치기나 하듯이 그저 손가락을 놀리기만 했다고 하니 얼마나 맹추였는가는 쉽사리 알 수 있겠다.

15세 때 프랑스 황태자와 결혼한 그녀는, 처형당할 당시는 38세였는데 머리는 일찍이 반백(半白)이었고, 보통 죄수와 다름없이 형장에 끌려나가 길로틴(guillotine:단두대)의 이슬로 사라졌다. 형리(刑吏)는 민중들이 '공화국 만세'를 부르는 곳을 향해 그녀의 목을 내보였다고 한다.

부기(附記)하면 길로틴은 프랑스의 의사 길로틴이 발명한 사형 집행 단두대로서 그의 이름에서 따온 명칭이다.

라마르세이예즈의 유래

프랑스 국가(國歌)를 '라마르세이예즈(La Marseillaise)'라고 한다. 즉 '마르세이유의 노래'를 말하는 것인데 어째서 한 나라의 국가가 지명으로 나타났는가를 살펴보자.

1792년 초에 프랑스 국내가 대혁명으로 소용돌이치고 있었을 때 유럽 각국은 프랑스 왕실을 옹호하려고 소란을 떨었다. 입법의회는 국왕 루이 16세를 강요해서 오스트리아에 대해 선전포고를 했다. 그 무렵 북부 프랑스의 스트라스부르에는 루제드리르라고 하는 젊은 공병장교가 주둔하고 있었다. 때마침 의용병 일개 대대가 그 거리에서 출정할 무렵이었다.

4월 25일에 장행회(壯行會)가 열렸는데 그 자리에서 시장인 디트리크는 루제드리르가 시작(詩作)과 음악에 뛰어난 것을 알고 출정하는 청년들을 위해서 새로운 군가를 만들어 달라고 부탁했다.

그는 곧 별실에 들어가서 감격에 휩싸인 채 하룻밤 사이에 〈라마르세이예즈〉를 작사 작곡한 것이었다. 그 당시의 곡명은 〈라인 군의 군가〉였다고 한다.

이튿날 아침 극장 전속 가수가 이 군가를 연습해서, 정오에는 광장에 모인 출정 용사 6백 명 앞에서 처음으로 불렀다. 그러자 큰 감동을 불러일으켜서 그 자리에서 당장 의용병을 지망하는 사람이 늘어나 그 숫자가 9백 명에 이르게 되었다는 것이다.

이 군가는 부대에서 부대로 전해졌고, 8월 10일 즉 루이 16세가 퇴위하던 날, 파리로 상경한 마르세이유의 의용병들은 소리 높이 이 군가를 부르면서 샹젤리제 대로를 행진

했다.

모여든 파리 시민들은 환호성을 올렸고, 그 군가는 온 시내에 선풍같이 번졌다. 그래서 파리 시민들은 대뜸 〈마르세이유 군가〉라고 불렀고, 그 결과 오늘의 '라마르세이예즈'로서 세계적으로 유명한 국가(國歌)가 된 것이다.

그후 3년 뒤인 1795년에 이탈리아 오페라 작곡가 살리에리(A. Salieri 1750~1825)는 이 곡을 최초로 자기 작품 〈파리미라〉에 채택해서 썼다. 또한 1833년에는 슈만(R. Schumann 1810~1856)이 빈에서는 금지곡이었는데도 불구하고 그의 작품 26 〈빈의 사육제(謝肉祭)〉의 주요 선율로 썼고, 다시 괴테의 〈헤르만과 도로테아〉의 서곡과 가곡 〈두 사람의 척탄병(擲彈兵)〉에도 채택되었다.

그 밖에도 바그너, 리스트, 차이코프스키 등이 채용하는 등 '라마르세이예즈'는 너무도 유명한 곡임을 알 수 있다.

용기가 있을 뿐

1789년 7월 14일 밤, 바스티유 감옥을 습격함으로써 발단된 프랑스 대혁명은 이윽고 그 규모가 확대되어서, 인권선언은 왕제 폐지와 공화제 수립으로 진척되었다. 그리고 마침내 1793년 초에는 전 국왕 루이 16세를 처형하기에 이르렀다. 본래 혁명 세력은 상공업 시민을 대표하는 지롱드(Gironde) 당과 노동자와 농민 등 서민 계층을 대표하는 자코뱅(Jacobin) 당의 두 파로 이루어져 있었다. 혁명이 더욱 급진적 양상을 띠게 된 것은 자코뱅 당의 세력이 강해진 뒤부터의 일이었다.

1793년 6월, 자코뱅 당은 지롱드 당을 의회에서 몰아내고 국민공회(國民公會)를 독점한 뒤, 집행기관인 공안위원회와 검찰 기관인 보안위원회를 수중에 장악하고 혁명 재판소를 설치했다.

그리고는 정적(政敵)과 용의자를 닥치는 대로 단두대에 보내는 등 이른바 공포정치 시대를 이루었다. 왕비 마리 앙토아네트도 전항에서 밝혔듯이 그 희생자의 하나였다.

자코뱅 당은 그 당시 마라(Marat), 당통(Danton), 로베스피에르(Robespierre)에 의해서 운영되었다. 그러나 마라가 왕당파(王黨派)의 한 소녀 샤로트 코르데의 손에 암살되자, 남은 두 사람은 거센 세력다툼을 하게 되었다. 본래 이 두 인물은 성격적으로도 상대적이었다. 당통은 어디까지나 남성적이요 호방했다. 자코뱅 당의 독재가 성립되기 약 1년 전인 1792년 9월에 혁명군이 방위하고 있던 베르덩의 거리가 왕당을 지지하는 프러시아 군의 수중에 함락됐다.

파리에서 그 흉보를 받자 모두 놀라서 대뜸 입법 의회가 소집되어 그 대책을 협의했다. 그때 당통은 거구를 일으키고 소리쳤다.

"적을 격파하기 위해서 필요한 것은 무엇인가? 단지 용기, 용기가 있을 뿐이다!"

이에 반해서 그의 적대자였던 로베스피에르는 세심하고

여성적이라고 할 만큼 내향적인 인물이었다. 당통은 로베스
피에르를 가리켜 형식적인 위선자라고 힐난했고, 로베스피
에르는 당통을 가리켜 타락한 공화주의자라고 증오했다.

공포정치(恐怖政治)의 시비를 가리던 두 사람의 대립은
결정적인 결과를 불러있으켰으니, 로베스피에르의 강경론
이 당통을 제압함으로써 당통은 혁명 재판소에 소환되었다.
이제 그는 처형을 벗어날 길이 없는 처지였다. 당통의 부인
과 친구들은 그에게 피신하라고 했으나 남성적이고 호방한
그는 끄떡도 안했다.

"어디로 도망을 하란 말이지? 자유를 얻은 프랑스가 나
를 내쫓는다고 하면 다른 나라에서 나를 기다리는 것은 감
옥뿐이겠지. 신발 뒤꿈치로 조국을 등지고 떠날 수는 없
어."

법정에 선 당통은 관례에 따라서 성명과 주소 등 인정신
문(認定訊問)을 받았다. 그는 확실히 답했다.

"내 이름은 당통이다. 혁명중에 잘 알려진 이름이다. 나
의 주소는 머지않아 무(無) 속에 옮겨질 것이다. 그러나 나
는 역사의 기념당(記念堂) 속에 살아가리라."

당통과 그 일파는 모두 사형 선고를 받았다. 사형 당일
형장으로 가는 마차 속에서도 당통은 태연자약했다.

그는 길로틴에 올랐을 때 형리(刑吏)에게 말했다.

"내 머리를 백성들에게 보이는 게 좋다. 보일 만큼의 값
어치는 일을 테니 말이다."

이로써 용기·과장·분노·사랑·혁명적 에너지 등으로 똘똘

뭉쳐졌던 거대한 덩어리같은 당통은 미지의 나라로 떠나갔다. 그에게는 다소간의 죄가 있긴 했으나 최대의 죄악인 위선은 갖고 있지 않았다. 그는 대자연 그대로의 뜨거운 품안에서 태어난 불덩어리같은 실제였다.

이상은 카알라일의 《프랑스 혁명사》에서 인용했다. 당통이 처형된 뒤 공포정치는 더욱 심해졌다. 반년이 채 지나지 못해서 로베스피에르는 처형되었고, 이윽고 혁명은 종말의 양상을 맞이하여 머지않아서 나폴레옹 시대의 역사의 막이 열리게 되는 것이다.

자유여, 너의 이름으로 하여 무슨 죄를 사람들이 저질렀던가

지롱드 당과 자코뱅 당이 혁명의 양대 세력이었음은 이미 전항에서 밝힌 바와 같다. 그런데 혁명 중기까지는 지롱드 당의 세력이 압도적이어서, 1792년 봄에는 지롱드 당 내각이 조각되었다.

내무장관은 지롱드 당의 간부인 롤랑이었다. 롤랑 부인은 미모와 재기(才氣)에 넘치는 여성으로서 정치에 강한 집념을 가지고 있어서, 그녀의 살롱은 흡사 지롱드 당의 사령부를 방불케 했다. 특히 남편이 내무장관이 된 뒤부터 롤랑 부인의 활약은 괄목할 만했다.

'장관은 롤랑 부인이지 롤랑이 아니다'고까지 할 정도였다.
혁명이 진전됨에 따라서 급진적인 경향이 커져 1793년

1월에는 자코뱅 당의 주장이 관철돼서 루이 16세가 사형에 처해졌다. 의회에서 양당의 대립은 점점 격화되었고 전항에서도 밝혔듯이 자코뱅 당은 의회에서 지롱드 당을 축출하고 정적을 제거하는 등 용서없는 탄압 속에 소위 공포정치를 실시했다.

롤랑 부인도 정변(政變)에 따라서 다른 지롱드 당 간부들과 마찬가지로 체포되어, 그해 연말에는 재판을 받기 위해 법정에 끌려나갔다. 그때 롤랑 부인은 흰옷을 걸친 데다 긴 검은머리를 허리께까지 늘어뜨리고 있었다.

판결이 끝나자 빠른 걸음새로 동료 죄수들 사이로 돌아오던 그녀는 손가락을 하나 펴서 들어보였다. 자기가 사형 선고를 받았다는 표시였다. 그때 그녀의 검은 눈에서는 눈물이 번쩍이고 있었다.

사형 집행일에 그녀는 길로틴 밑에 이르자 형리에게 펜과 종이를 빌려달라고 했다.

"때마침 마음 속에서 끓어오르는 이상한 생각이 있어서 그것을 적으려고 해요."

그러나 형리는 거절했다. 부인은 괴로운 듯 투덜거렸다.

"오, 자유여! 너의 이름으로 하여 무슨(여러 가지의) 죄를 사람들이 저질렀던가."

그녀의 남편 롤랑 드라플라티에르는 그 당시 노르망디에 피신중이었는데, 아내의 처형 소식을 듣자 루앙 근처의 길가에서 자살했다. 아내의 후광을 받았다는 것을 증명하는 듯한 최후였다. 롤랑 부인에 대한 역사의 평가는 여러 가지가 있으나 일반적으로 현대의 사관(史觀)으로는 신랄한 비판을 받고 있다. 모름지기 타당한 평가긴 하나, 여하간 최후의 유언에도 나타났듯이, 그녀의 재기와 흡사 그리스 여신을 닮은 듯한 검은머리·검은 눈의 미녀는 역사상 명화(名花)였음이 길이 전해질 것이다.

신들은 목마르다

15세기말에 콜롬부스가 신대륙 아메리카를 발견한 후로 수많은 항해 모험가들은 저마다 탐험에 앞장섰고, 특히 스페인 세력은 중남미에 펼쳐졌다. 더구나 그 방법은 실로 가혹한 것이어서, 그들은 원주민인 인디언들을 흡사 가축이나 다름없이 살육하고 영토와 재물을 약탈했다.

특히, 스페인의 콜테스에 의한 멕시코 정복(1521년)은 그 중에서도 극악한 것이었다. 멕시코 최후의 왕 몬데즈마 1세는 콜테스에게 항복한 뒤에 살해되었다. 그가 스페인의 침략에 대해 표현한 말은 그 진상을 가장 잘 증언하고 있다.

"신들은 (피에) 목이 말라 있다."

그런데 이 말은 그후 수세기가 지난 뒤에 똑같이 적절하게 씌어지게 되었다.

1794년 프랑스 혁명이 절정이던 무렵의 일이다. 전술한 바도 있으나 자코뱅 당은 지롱드 당원 등 수많은 정적을 처형함으로써, 자코뱅 당원의 일부조차도 공포에 떨어야 했던 공포정치가 횡행할 때였다.

그때 지도자의 한 사람이었던 카뮤 데물랑은 이미,

"시체의 산 위에 서서 자유를 포옹하자!"고 외친 인물이었다. 그는 횡포에 저항해서 〈뷔유 코르드리에〉라고 하는 팜플렛을 간행하고 있었다. 그 간행물을 통해서 카뮤는,

"확실히 다수의 체포위원회·형벌위원회가 있고 보면 자비위원회라는 것도 하나쯤 설치해야만 할 노릇이 아니겠는가?"

고 통박했다.

팜플렛은 10일간에 2회 정도로 발간되었으며, 기지(機知)와 풍자에 넘치는 내용으로 공포정치를 비판했다. 그러나 그것도 오래 가지는 못했다. 카뮤는 반혁명 세력에 매수되었다는 혐의로 체포당했다.

그 팜플렛의 마지막 호(號)는 1794년 2월 3일자였는데 바로 다음과 같은 말로써 끝맺고 있다.

'신들은 목마르다.'

이 말을 다시금 유명하게 한 것은 아나톨 프랑스(Anatole France 1844~1924)의 동명(同名) 소설 《신들은 목마르다》이다. 박식하면서도 회의적인 이 작가는 독특한 회의적인 필치로써 공포 시대의 한 삽화를 다루고 있는 것이다.

로제타 돌

프랑스 혁명 말기인 1799년, 나폴레옹이 이끄는 프랑스

군은 이집트에 원정하여 눈부신 승리를 했다. 나폴레옹은 개전(開戰)에 앞서,

"병사들이여, 4천 년의 세월이 피라미드 정상에서 그대들의 활약을 지켜보고 있노라!" 고 포고하여 사기를 고무시켰다고 한다.

모름지기 그것은 나폴레옹 자신도 그 무렵부터 자신이 역사상 성취해야만 할 역할을 의식하고 영광의 길을 닦아 나갔던 것이기도 하리라.

그러한 역사의 흐름과는 관계 없었으나 문화사적으로는 매우 중요한 한 사건이 일어났다.

나일강 강구(江口)의 거리인 로제타(Rosetta) 근처에서 프랑스 군의 한 부대가 참호를 파고 있었다. 그때 진흙 속에서 돌 조각이 하나 나왔다. 그것은 검은 현무암이었는데 길이 121.8센티, 너비 66센티, 두께 27.94센티의 크기였다. 표면은 평면으로서 3단(段)으로 구분되어 각기 다른 서체(書體)의 문자가 새겨져 있었다.

이러한 종류의 고고학적인 발견이 있으리라는 것을 예상하고 상부에서 훈령을 했었기 때문에 이 돌을 발견한 공병 장교는 곧 상관에게 보고했다. 그것이 바로 유명한 로제타 석이다.

로제타 석의 상단(上段)에 새겨진 것은 고대 이집트의 상형 문자(象形文字)이고, 제2단의 것은 그 당시 민족의 속자(俗字)이며, 하단(下段)의 것은 그리스 문자로서 그 명각(銘刻)된 세 가지 문자는 똑같은 내용을 각기 다른 문자

로 나타내고 있다는 것을 알 수 있었다. 학자들은 이 돌의 발견을 매우 기뻐했다. 그리스 문자를 열쇠로 해서 천고(千古)의 비밀을 간직한 고대 이집트의 상형 문자를 해독(解讀)할 수 있으리라고 여겼기 때문이다. 그러나 실상 그것을 해독하기란 용이한 노릇이 아니었다. 왜냐하면 돌의 표면이 매우 손상된 데다가 이집트 문자와 그리스 문자의 구조가 크게 차이가 있었기 때문이다.

그후 프랑스·영국 등의 여러 학자들이 노력한 결과 이집트 문자의 수수께끼가 풀리기 시작했다. 이집트 문자가 해독되기 전까지는 고대 이집트의 역사는 단지 그리스 어로 된 문헌이나 구약성서에 의해서만 전해지는데 지나지 않았던 것이다. 그러나 이집트 상형 문자의 해독에 의해서 미이라며 오벨리스크(obelisk:고대 이집트의 유물로서 네모나고 높으며 뽀족한 돌로 만든 기념비)의 수수께끼도 풀게 되었다.

로제타 석의 명각은 톨레미(Ptolemy) 5세 에피판스(E-piphans)의 칙령(勅令)이다. 현재 이 돌은 영국 대영박물관 이집트 조각실에 진열되어 있다.

저거야말로 인간이다

괴테는 18세기 후반에서 19세기에 이르기까지 오랜 생애를 누리며 그 동안 자신의 예술을 눈부시게 꽃피웠는가 하면, 세속적으로 보더라도 바이마르 공국의 재상(宰相)으로서 모든 사람에게 존경받았다. 거의 인생의 패배라고는 맛보지 못한 사람처럼 보이기는 하나 그러한 괴테에게도 패전국 시민으로서의 굴욕을 씹지 않으면 안 되는 일이 일어났다.

1806년, 서남부 독일 제국(諸國)을 지배하게 된 나폴레옹 군은 바이마르 공국에도 들어갔다. 괴테의 저택에는 술취한 군인들이 침입해서 괴테 자신에게도 위해(危害)를 가하려고 했다. 그러나 괴테는 곧 점령군의 특별보호를 받게 되었다.

1808년 나폴레옹은 에르푸르트 거리에 피난중이던 괴테를 소환했다. 그때 나폴레옹은 나이 40으로 세계를 주름잡는 제왕이나 다름없이 영광을 누리는 존재였다. 그러나 괴테는 60노인으로 패전국의 노시인이었다. 대담이 끝난 뒤에 나폴레옹은 감동에 싸인 채 이렇게 중얼거렸다고 한다.

"저거야말로 인간이다(Voilá un Homme.)."

나폴레옹이 인간이라고 감탄한 뜻은 노시인 괴테를 참다운 인간이라고 찬미했던 것이리라. 물론 자기 자신도 참다운 인간이라는 마음 속의 자부심이 있었는지는 모르겠다. 그가 세계의 정복자로서 광대한 영토를 지배하고 있었을지언정 괴테가 자기보다 더 큰 정신의 영토를 지배하고 있었다는 것을 절절히 깨우친 것은 아닐까? 나폴레옹으로 말하면 이집트 원정 때도 괴테의 소설인 ≪젊은 베르테르의 슬픔≫을 들고 다니면서 탐독했다는 유명한 일화를 남겼을 정도이니 말이다.

≪젊은 베르테르의 슬픔≫은 오늘날에도 많이 읽히는 작품이거니와 그 당시 온 세계의 청년들이 애독했던 것이다. 주인공 베르테르가 푸른 양복과 누런 빛 조끼를 입었다 하여 한때 유럽 청년들에겐 그런 의복이 크게 유행했었다. 물론, 베르테르처럼 사랑의 허무에 울고 자살의 환상에 사로잡히거나, 다감한 감정에 휩쓸린 청년들이 유부녀를 사랑하고, 젊은 아내가 다감한 청년에게 심취하여 범용한 남편을 배격하는 등 심각한 사회문제까지 제기했던 것도 사실이다.

각설하고, 나폴레옹은 괴테와 회견했을 때 ≪젊은 베르테르의 슬픔≫에 대해 물어보기도 하고, 로마의 케사르를 희곡으로 쓰라고 권유했다고도 전한다. 회견 시간은 한 시간 정도였다고 하는데 일설에는 불과 2분간이었다고도 한다.

여하간 역사는 아이러니컬하다고 할까? 나폴레옹 군의 군화에 짓밟혔던 독일은 그후 두 번이나 프랑스를 군화로 짓밟았으니 말이다. 즉, 1870년의 보불(普佛)전쟁과 제2차 세계대전 때가 각각 그것이다. 또한 예술의 도시 파리를 점령했던 프러시아의 수상 비스마르크나 나치스의 수령 히틀러는 과연 나폴레옹과 같은 인간미를 지닌 인물이었을까? '저거야말로 인간이다'라고 감탄했다는 역사의 기록이 없으니 말이다.

독일국민에게 고함

19세기 초엽의 나폴레옹 전쟁은 나폴레옹의 세계 정복

야심에 대항하여 끝내 유럽 각국을 분기(奮起)시키기에 이르렀다. 이 전쟁에 가장 적극적으로 참가한 프러시아는 패전과 치욕적인 조약 등으로 민족적 자각을 강하게 불러일으켜, 사회적으로나 사상적으로도 변혁기에 접어들었다. 과감한 행정 개혁과 군제(軍制) 개혁 등의 변혁은 영국이나 프랑스와는 다른 형태였으나 역시 근대화의 기틀을 닦는 것이었다.

한편 사상계에 있어서는 자유주의적 국민주의를 지향해 나갔으며 피히테(Johann Gottlieb Fichte 1762~1814) 등이 지도적 역할을 했다. 피히테는 철학자로서, 특히 나폴레옹 점령하의 베를린 학사원에서 1807년에서 이듬해까지 연속적인 강연을 실시해서 드높은 이상주의의 입장에서 애국심을 고취시켰다. 그 강연의 연제(演題)는 '독일 국민에게 고함'이었다. 다음에 그 한 구절을 인용해 본다.

'지금까지는 일반적으로 감각 세계가 참다운 실재(實在) 세계로 여겨져, 그것이 우선 교육의 객체로서 학생들에게 제시되었다. 학생들은 우선 감각 세계에서 출발해서 사유(思惟)로 이끌렸다. 새로운 교육은 이 순서를 확실하게 역전시킨다. 새로운 교육에 있어서는 사유에 의해서 파악된 세계만이 참다운 실재다. 새로운 교육은, 모든 사람들 속에서 정신만이 살아있어서 그것을 지도하도록 해야만 한다. 나는 먼저 견실(堅實)한 정신을 정연한 국가의 유일한 기반이 된다고 했는데, 참으로 그 정신을 모든 사람들 속에서 이루고자 하는 것이다. 이리하여 생겨나는 정신이야말로 고매한 조국애를 직접 나 자신에게 지니게 한다. 그래서 그 사랑으로부터 용감한 조국의 수호자로서 충실하게 법을 지키는 공민이 스스로 태어나게 되는 것이다.'

이러한 피히테의 호소는 가장 시의에 알맞은 것으로서 독일 국민들의 자각과 국력의 강화를 불러일으키는 역할을 했다. 그러나 이미 그의 사상 속에는 독일적인 국가주의 사상이 싹튼 것이었는지도 모른다. 여하간 그가 적군 앞에서도 도의(道義)와 조국애, 기독교적 영생의 사상을 절규함으로써 조국을 위기에서 구제하려고 힘쓴 것이 그의 '독일 국민에게 고함'이라는 연속 강연이었던 것이다.

피히테의 저서로는 《도덕학 체계》·《자연법의 기초》·《현대의 제특징》·《인간의 사명》·《신성한 생애의 지표》 등이 있다. 그의 철학 정신은 '자아(自我)는 보는 것이 아니요 일하는 것, 활동하며 그치지 않는 것'이다. 그는 1792년에 《계시비판시론(啓示批判試論)》을 칸트 (Immanuel Kant 1724~1804)에게 인정받음으로써 철학가로서의 길을 닦았음을 부기해 둔다.

영국인은 각자가 그 의무를 다할 것을 기대한다

이 제목은 1805년 10월 21일, 트라팔가(Trafalgar) 해전이 시작되기 약 30분 전에 영국 함대 사령관 넬슨(H. Nelson 1758~1805) 제독이 기함(旗艦) 빅토리아(Victoria) 호의 마스트에 높이 건 기신호(旗信號)의 글귀였다.

스페인 남해안의 트라팔가 해전은 나폴레옹 전쟁에 있어서 해상 결전(決戰)으로서, 영국 함대 41척과 프랑스와 스페인 연합 함대 38척이 포화를 퍼부었던 치열한 싸움이었다. 그 결과 승리는 영국에 돌아감으로써 나폴레옹은 해군력을 상실하고 그 이래로 해상에서는 전혀 무력해졌다.

그러나 이 해전에서 역전의 명장 넬슨도 장렬히 전사했다. 적탄은 넬슨의 왼쪽 어깨에서 폐를 꿰뚫고 등 속에 파묻혔다. 부상당한 지 세 시간 후에 넬슨 제독은 하디 함장의 팔에 안긴 채 숨이 끊어졌다. 그는 운명 직전에 하디 함장에게 애인인 레디 해밀턴을 잘 부탁한다고 했으며 하디가 볼에다 입을 맞춰주자,

"고맙소. 나는 의무를 다하였소."하고 숨졌다.

그런데 기함의 신호 문구는 본래 '넬슨은 영국인 각자가 그 의무를 다할 것을 확신한다'고 넬슨이 지은 원안(原案)을 부하 지휘관이 고치자고 충언해서 표제처럼 고치게 되었다고 한다.

해상에서 참패한 나폴레옹이지만 육상에서만은 단연 우세해서, 그해 12월에는 오스트리아와 러시아 연합군을 무찌름으로써 대륙의 패권을 장악했다. 그 당시 패배의 비보를 전해들은 영국 재상 피트는 상심한 나머지 병세가 악화되어 이듬해 1월,

"오, 조국이여! 이대로 그냥 조국과 헤어진다는 말인가!" 하는 비통한 외침을 남긴 채 죽었다고 한다.

그러나 그 비장한 죽음을 위안받을 날은 미구에 다가오고 있었다. 즉, 나폴레옹을 격파할 수 있었던 또 하나의 영국측 용장은 '철공작(鐵公爵)'이라는 별명을 가진 웰링턴(A. Wellington 1769~1852) 공작이었다.

우선 나폴레옹부터 살펴보자. 1812년 나폴레옹은 러시아 원정에 나섰다가 초토전술(焦土戰術)에 말려들어, 60만 대군 중 불과 2만의 생존자밖에 남기지 못한 채 12월 8일 파리로 돌아왔다. 그때 그를 따라온 부하는 고작 3명밖에 없었다. 나폴레옹의 심복이요 민완한 외교관이었던 탈레랑은, "황제께서 환궁하셨습니다"하는 소식을 부하에게서 듣자 히죽 웃으며,

"군대가 없이 말이지?" 했다는 얘기는 유명하다.

"불가능이라는 말은 내 용어에 존재하지 않는다."

이렇게 큰 소리를 쳤던 나폴레옹의 지혜와 용기도 운명 앞에 심판받게 된 것이다. 그리하여 1814년 지중해 상의 엘바(Elba) 섬에 유형되었던 나폴레옹은, 또다시 불가능을 가능으로 바꾼 듯 1년이 채 못되어 세력을 모아 프랑스 본토에 상륙, 파죽지세(破竹之勢)로 파리로 향했다.

다시금 황제의 자리에 오른 그는 반격을 개시했다. 그 프랑스 침공군을 벨기에의 워털루(Waterloo)에서 맞이한 것이 영국의 웰링턴 장군이었다. 영국군은 내원(來援)한 프러시아 군과 합세해서 1815년 6월 18일 워털루 근처인 몽상장(Mon Saint Jean)에서 격전을 벌였다. 웰링턴 공작 휘하의 연합군은 한때 심각한 고전도 겪었으나 끝내 나폴레

옹 군을 무찌름으로써 침략의 불가능을 역사 위에 기록했으니, 그리하여 기나긴 나폴레옹 전쟁은 종지부를 찍었다.

곧 나폴레옹은 대서양의 고도(孤島) 세인트 헬레나(Saint Helena)로 유형되어 감으로써 1815년 3월 20일의 파리 입성에서부터의 이른바 '백일 천하'는 막이 내렸고, 그는 유형지에서 6년만에 생애를 마쳤다.

"워털루의 싸움은 이튼(Eton)의 운동장에서 이기게 되었다."

이 말은 웰링턴 공작이 남긴 명언이다. 즉 그가 다닌 학교가 바로 이튼 대학으로서, 그는 재학중에 축구 등으로 신체와 정신을 단련했기 때문에 워털루 싸움에서 승리할 수 있었다는 뜻이다. 또한 그 말은 영국의 퍼블릭 스쿨(public school)의 교육을 칭송하는 것이기도 하다. 이튼은 영국 7대 퍼블릭 스쿨로서 런던 서쪽 35킬로 지점의 고도(古都) 이튼에 위치한다.

런던에는 넬슨을 기념하는 트라팔가 광장이 있고 그곳에 넬슨 탑이 우뚝 솟아있다. 또한 워털루 브리지는 웰링턴 공작의 승리를 기념하는 것이다.

'England expects every man to do his duty'

이 말은 비록 넬슨의 것이기는 하나 시간과 공간을 초월해서 조국애라는 짙은 의미를 알려주는 감명 깊은 명언이 아닐 수 없다.

겨울이 온다면 봄은 머지 않으리

영국 낭만주의를 대표하는 시인 셸리(Percy Bysshe Shelley 1792~1822)의 서정시 〈서풍부(西風賦;Ode to the West Wind)〉와 마지막 구절에는 '겨울이 온다면 봄은 머나먼 곳에 있으랴(If Winter comes, can Spring be far behind?)'하고 끝맺고 있다.

추운 겨울, 어두운 계절이 온 다음에는 따스한 봄, 밝은 계절이 다가온다는 것은 천리(天理)다. 지금은 불행하다손 치더라도 앞길에는 밝고 희망찬 날이 오리라는 격려의 뜻으로서 이 시구가 흔히 인용된다. 한 걸음 더 나아가서 오늘을 비관할 게 아니라 인내와 의지, 노력으로 양양한 날을 이루어야만 하겠다는 적극적인 의미도 포함되어 있다.

셸리는 존 키이츠(John Keats 1795~1821) 및 바이런(G. Byron 1788~1824)과 더불어 영국 낭만주의를 장식하는 세 젊은 시인으로 교우했었다.

1820년 11월에 폐를 앓고 있던 '미(美)의 사도(使徒)' 키이츠가 로마로 전지요양을 왔을 때는 셸리나 바이런도 이탈리아에 살고 있었다. 따라서 이듬해 2월에 키이츠가 작고하기까지 영국의 젊은 세 시인은 모두 이탈리아에서 지낸 셈이다. 그러기에 셸리는 키이츠의 부음(訃音)을 듣자 추모시로서 〈아도네이즈(Adonais)〉를 써서 위령했다.

그러나 그 이듬해 7월, 이 젊은 낭만주의 세 시인의 공통의 친구이며 평론가이자 시인인 헌트(J. Hunt 1784~

1859)를 방문하러 갔던 셸리는, 귀로에 나폴리(Napoli) 만(灣)에서 요트가 폭풍에 뒤집히는 바람에 물에 빠져 숨지고 말았다. 헌트도 영국인이며 그 당시 이탈리아에 살고 있었다. 그는 셸리와 키이츠 등 천재 시인을 발견한 비평가로서도 이름 높다.

불의의 죽음을 당한 셸리의 유해는 바이런과 헌트가 입회한 바닷가에서 화장되어 키이츠의 경우처럼 로마의 신교도 묘지에 매장되었다. 그 묘비명에는 헌트가 쓴 '마음과 마음'이라는 글귀에 이어서,

'그 이름을 물에 쓴 이가 여기 잠들다'고 새겨짐으로써 뒷날 유명한 묘비명으로 꼽히게 되었다. 그러나 셸리의 죽음은 우연의 일치였다고나 할까. 그가 내버린 전처(前妻) 하리에트(W. Harriet)는 상심한 나머지 런던의 하이드 파크 연못에서 6년 전인 1816년에 투신 자살했던 것이니 말이다.

여하간 키이츠, 셸리가 1821년과 22년에 걸쳐 죽은 지 2년만인 1824년 4월에는 바이런도 죽었다. 즉 셸리가 죽은 이듬해, 그리스에서 독립 전쟁이 일어나자 바이런은 의용병을 이끌고 원군으로 출정했다가 전기한 1824년에 열병(熱病)으로 쓰러졌다. 영국 낭만주의 시문학(詩文學)을 꽃피웠던 기라성같은 세 젊은 시인은 이렇게 요절한 것이다.

하루 아침에 눈뜨자 유명해진 것을 알았다.

이 말은 전항에서 언급한 바이런의 것으로 유명하다. 미

남 청년 귀족인 그는 태어나면서부터 정열적인 인간형으로 일찍부터 자유분방한 생활을 했다. 켐브리지 대학 재학중에 시집을 내기도 했으나 혹평을 받았고, 2년간 스페인·이탈리아·그리스 등지를 방랑하면서 견문을 넓혔다.

거기서 우러나온 시가 바로 장시(長詩)인 〈차일드 해럴드의 순례(Childe Harold's Pilgrimage)〉였다. 바이런과 같이 정감에 넘치는 청년이 머나먼 여행을 거듭하면서 수천 년 역사의 폐허를 방황하며 아득한 날을 회고하는 줄거리로, 이 시가 세상에 알려지자 그의 자유분방한 시상(詩想)은 곧 독서계에 선풍적인 반향을 일으켰다.

"하루 아침에 눈뜨자 유명해진 것을 알았다."

이 말은 그 무렵 바이런이 느낀 바를 친구에게 했던 말이 전해진 것이다. 그로부터 바이런은 과연 하루 아침에 유명해져서 런던의 살롱들은 이 천재 시인을 쌍수를 들고 환영했다. 더구나 여성들의 그에 대한 선망은 대단한 것이었다.

그 당시 런던 사교계에서 재색을 겸비한 꽃같은 존재였던 캘로라인 람은 바이런의 대단한 인기에 오히려 반감을 품고, 처음 바이런을 소개받은 날 밤에는 일기에다 '위험한 나쁜 인간'이라고까지 썼다고 한다. 그러나 두번째로 바이런을 만난 뒤부터는 '저 아름답고 창백한 얼굴은 나의 운명이다'라고 고백했고, 그때부터 광적인 애정을 바쳤다고 한다.

그는 결혼·이혼 등 여자 문제로 점차 지탄을 받게 되자, 1816년에 다시 외유의 길에 올라 스페인을 거쳐 이탈리아로 갔다. 그러나 그를 방탕적이라고만 지탄할 수는 없으니,

그에게는 인습적인 도덕을 조소하는 자유적 감정과 고민이 있었다. 그것은 또한 유럽 근대 문학에 큰 영향을 끼친 것이다.

그는 비난을 받으며 영국을 떠날 때 이렇게 노래했다.

'영국이여, 그대의 결점은 있으나

나는 역시 그대를 사랑하노라.'

그는 고국을 떠난 뒤에 〈맨프레드(Manfred)〉·〈돈쥬안(Don Juan)〉 등 대작을 씀으로써 큰 주목을 받았다. 그리고 전항에서도 언급했듯이, 그리스 인들이 터어키의 압정에 대항해서 독립 전쟁을 일으키자 사재(私財)를 털어 의용병을 이끌고 그리스 땅으로 갔다가, 1824년에 열병으로 정열적이고도 낭만적인 짧은 생애를 마친 것이다.

립밴윙클

립밴윙클(Rip Van Winkle)은 미국 초기 작가 워싱턴 어빙(W. Irving 1783~1859)의 단편집 ≪스케치 북(The Sketch Book)≫에 나오는 옛날 애기의 주인공이다.

내용인 즉, 윙클은 뉴욕 주 허드슨 강변에 사는 네덜란드계(系) 이민으로 마음씨 착한 인물이다. 잔소리를 퍼붓는 아내에게 들볶이며 애견인 울프를 데리고 새 사냥에 나간다. 그러나 산 속에서 길을 잃고 헤매다가 옛날 네덜란드 복장을 한 소인(小人)들이 흥겹게 노는 자리에 끼어 술 한 잔을 얻어마시고는 잠들어 버린다. 잠이 깨서 하산하여 집에 돌아와 보니, 고작 한 잠 자고 난 기분인데 세상이 변해 20년이 지나 있었다. 아내는 이미 죽었고, 딸은 자라서 결혼했으며, 미국은 식민지에서 독립국이 되어 있더라는 얘기다.

이 얘기는 독일 전설에서 골자를 땄다고 하나, 세계 각국에 비슷한 전설이 더러 있다. 여하간 무시로 변천하는 세상과 다시는 옛날로 돌아갈 수 없는 인간의 영탄(詠嘆)에서 이런 유의 얘기가 엮어지는 것이라고 보겠다.

어빙의 《스케치 북》에는 그 밖의 전설을 취급한 얘기며, 낡은 영국의 풍물을 아름다운 필치로 그린 수필 등 30여 편을 싣고 있다. 특히 그는 미국 문학가로서는 처음으로 영국 문단에서 인정을 받는 명예를 누렸다. 또한 단편 문학의 선구를 이루었다는 점에서 문학사적으로 의의가 큰 인물이다.

그는 《스케치 북》 이외에도 《브레이스브리지(Bracebridge)의 저택》·《알함브라(The Alhambra)》 등 많은 작품으로 문명(文名)을 떨쳤다.

민중의 소리는 신의 소리다

1821년 6월 24일, 프랑스 귀족원 회의에서 그 당시 유명한 정치가였던 탈레랑(Talleyrand Périgord 1754~1838)은 신문 잡지 등 출판물에 대한 검열제도의 존속을 반대하는 연설을 했다. 즉, 그는 1789년의 진정서를 통해 요구된 출판의 자유가 시대적 요청임을 각성해야 한다고 입증한 뒤에, 정치가가 그 필요에 응하는 것을 거부하는 게 얼마나 위험한가를 역설했다.

그 연설 요지는 다음과 같다.

'정부의 성실성을 위태롭게 해서는 안 된다. 현재로는 더 이상 오래 기만하기란 불가능하다. 볼테르(Voltaire 1694~1778 : 문인, 비평가)보다도, 보나파르트(Bonaparte Napoleon Ⅰ 1769~1821)보다도, 집정관인 누구보다도 재기(才氣)있는 누군가가 있다. 그것은 세상이다. 세상의 모든 것에 이해관계가 미치는 투쟁에 발을 들이밀고, 또한 최소한 이것을 고집한다는 것은 과오다. 더구나 현재로서는 모든 정치상의 과오란 위험천만한 노릇이다.'

여기서 문제가 되고 있는 안건이란 1820년 3월 31일에 제정된 정치적으로 신문, 잡지에 검열을 가하는 법률을 차기 의회의 개회로부터 3개월간 연기하고자 하는 것이었다. 그러나 이 안건은 탈레랑의 그러한 역설(力說)과 노력에도 불구하고 그 의회 회의중에 표결 통과되고 말았다.

바로 '볼테르보다도…… 재기 있는 누군가가 있다.'고 하는 말은 또한 '민중의 소리는 신의 소리다(vox populi vox Deiu).'라는 속담으로 대변된다.

최대다수의 최대행복

제르미 벤담(Jeremy Bentham 1748~1832)이 도덕

및 입법의 기초로서 말한 것이 바로 표제이며, 그의 공리주의를 요약하는 말로서 유명하다.

벤담은 공리주의 철학에 입각한 영국의 법학자요 철학자며 경제학자였다. 그래서 그는 쾌락을 유일의 선, 고통을 유일의 악으로 규정하고, 그 어느 것이든지 이루어 내는 힘의 계량에 의해서 각자 행위의 윤리적 가치를 정하려고 했다. 확실히 그에게는 도덕과 입법의 최고 목적은 '최대 다수의 최대 행복'을 얻는 데 있었다.

벤담은 이 사상을 영국의 조셉 프리스틀리(Joseph Priestley 1733~1804)에게서 영향받았음을 인정하고 있다.

프리스틀리는 비(非)국교회파 목사였으며, 산소(酸素)를 발견한 과학자로 알려진 사람이다. 그의 저서 《통치론》(1768년)이 특히 벤담에게 영향을 끼쳤다.

'최대 다수의 최대 행복'이라는 말이 나오는 것은 벤담의 《도덕 및 입법원리》로서 그는 다음과 같이 밝히고 있다. 즉,

'다음의 신성한 진리를 내 입으로 말하게끔 가르쳐 준 것은 프리스틀리가 그 최초의 사람이었다. 즉, 최대 다수의 최대 행복이야말로 도덕 및 입법의 기초다.'

덧붙여서 벤담은 법률적으로 자연법 사상에 반대했으며, 경제적으로는 철저한 자유방임주의를 제창했고, 또한 프랑스 혁명사상에 반대했음을 지적해 둔다.

여자를 찾아라

이 말은 18세기경 파리의 경시총감이었던 아루치느라는 경관의 말이라고 한다.

'범죄가 있는 곳에 반드시 여자가 있다'

'여자를 찾으면 범인은 반드시 그 배후에 있다' 고 하는 뜻이다.

뒤마(Alexandre Dumas fils 1824~1895)의 희곡 ≪ 파리의 모히칸 족(族)≫(1864년 파리 공연)에도 그 대사가 나옴으로써 결정적인 속담이 되었다고 한다. 그 희곡 제 3막을 보면 경관인 자케르가 하숙집 여주인 데마레 부인에게 로즈드노엘의 유괴 사건에 관해 심문한다. 하숙집 정원 모래 위에 여자 발자국이 있었기 때문이다. 대사는 다음과 같이 전개된다.

자케르—내가 언제나 말하고 있는 대로야. '여자를 찾아라!'고 말야. 이번에도 여자가 발각됐어.

데마레 부인—뭐라고요, 여자가 발각되었다고요? 이 사건에 여자가 관련됐다고 믿고 있으세요?

자케르—어떤 사건이든지 여자가 관련된다오. 그래서 사건 보고를 받으면 나는 대뜸 '여자를 찾아라'고 말하오. 그래서 여자를 찾아서, 여자를 발각한다고…….

데마레 부인—여자가 발각된다면요?

자케르—남자가 곧 발각되는 거라오.

그러나 이것과 흡사한 말은 예로부터 더러 있다. 고대 로마의 풍자 시인이었던 유베날리스(D. Juvenalis 65~128)는 《풍자시》 제4편에서,

'여자가 중요한 역할을 보이지 않는 소송은 거의 없다'고 갈파하고 있다. 또한 영국 작가 리처드슨(Richardson 1689~1761)의 작품 《차알즈 그랜드슨 경(卿)의 역사》(1753년)에도,

'어김없는 일처럼 음모의 그늘에는 반드시 여자가 없어서는 안 된다.'고 묘사되어 있다.

분화산 위에서 춤춘다

민중 사이에 폭동의 기미가 감돈다든지 또는 전쟁 위협이 목전에 다다랐는데도 국가의 지도자가 그것을 알아차리지 못하고 주지육림(酒池肉林)에서 흥청거리는 것을 비유하는 말이다. 그러므로 분화산 위에서 춤춘다는 것은 언제 폭발할지 모르는 불덩이를 안고 있다는 격이다.

이 글귀는 1830년 5월 1일, 루이 필립이 의형이 되는 나폴리 왕을 위해 파레 르와이야르 궁에서 베푼 성대한 연회 석상에서, 그 당시 유명한 작가 사르빵디가 루이 필립에게 한 말이라고 전한다. 즉,

"완전히 나폴리적인 연회군요. 전하, 우리들은 분화산 위에서 춤추고 있는 것입니다."

1830년 5월이라고 하면 유명한 프랑스 7월 혁명 직전이

다. 1815년 나폴레옹의 패배와 더불어 빈 회의 이후, 유럽 각국은 전제주의를 강화하며 프랑스 대혁명 이래 민중들에게 파고든 자유주의를 타도하려 힘썼다. 그래서 각국에서는 전제주의와 자유주의의 알력이 생겨 마찰이 계속됐다.

프랑스에서도 1824년에 샤를르 10세 즉위 후, 시세(時勢)에 역행해서 귀족 중심의 전제정치를 행함으로써 민심을 잃고 있었다. 이윽고 1830년에 의회와 충돌하여 의회를 해산시키고 총선거를 실시했다. 그러나 자유당이 절대 다수를 차지하자 샤를르 10세는 칙령으로 그 선거를 무효화시켰고, 멋대로 선거법을 개정해서 언론과 출판의 자유를 극도로 억압했다.

이런 상태 때문에 이윽고 같은 해 7월에는 파리에서 폭동이 일어나 정부군과 시민 사이에는 격심한 시가전(市街戰)이 벌어졌다. 정부군이 패퇴하자 국왕은 영국으로 망명함으로써 루이 필립이 왕위에 올랐다.

이와 같은 역사를 일별 하더라도 '분화산 위에서 춤춘다'고 한 말은 정곡을 찌른 것이었다. 그런데 사르빵디는 주빈이 나폴리 왕이었기 때문에 나폴리의 베수비오 화산(火山)을 비유해서 말했던 것이다. 그런데 그런 충고를 받았던 루이 필립은 그 당시 자기는 정부와 다른 입장에 서겠노라고 굳게 다짐했다고 한다.

국왕은 군림하더라도 통치 못한다

이 표제는 프랑스의 19세기 역사가이며 정치가였던 아돌프 치에르(1797~1877)의 말이다.

그는 1830년에 자신이 창간한 기관지 〈내셔널〉 2월 4일자에서, 국왕은 왕국의 '최고 관리'가 아니라는 것과 장관 임면권(任勉權)은 의회에 한하며, 또한 장관은 국왕의 자의에 의해 뽑힐 수 없다고 내세우며 다음과 같이 역설했다.

"국왕은 지배하지 못하고 통치하지 못하며 군림할 따름이다. 장관은 지배하며 통치한다. 장관은 자기 의사에 반대하는 한 사람의 부하도 거느리지 않는다. 그러나 국왕은 자기 의사에 반대하는 장관을 거느린다. 거듭 말하자면 국왕은 지배하지 못하고 통치하지 못하며 군림할 뿐이기 때문이다."

이 말은 왕당파나 보수적 정치가들에게 통렬한 비난을 받았고, 특히 기조(Guizot 1787~1874)는 그의 ≪추상록(追想錄)≫에서 이렇게 반박했다.

"물론 정치적 자유 원칙과 목적은 모든 이기적 지배, 즉 개인적 통치를 불가능케 하고자 하는 것이나 그것에는 시기적 문제가 있다. ……. '국왕은 군림하더라도 통치 못한다'는 방식은 그런 문제를 일체 방기하고 국왕을 일개 기계로 삼으려 하는 것이나, 국왕도 인격이 있는 존재라는 것을 망각하고 있는 처사다."

검찰총장 페르시르도 그 주장이 국왕을 무력화하려는 술

책이라고 반박했으나. 실상 치에르의 의도도 바로 그것이었던 것이다.

엉클 톰의 오두막

미합중국에서 노예제도의 시비를 둘러싸고 남북 대립이 격화되고 있었던 1852년 여름, 스토우(H. Stowe 1811~1896) 부인이라는 한 여성이 쓴 소설 ≪엉클 톰의 오두막(Uncle Tom′s Cabin)≫이 보스턴에서 출판되었다. 이 소설은 그해 겨울까지 선풍적인 인기 속에 15만 부가 팔려나갔다. 그 당시 미합중국의 독서층을 감안할 때 경탄할 만한 대단한 매상고였다.

스토우 부인은 뉴잉글랜드의 퀘이커(Quaker) 교도의 집안에서 태어났기 때문에 노예해방, 부인동등권 등을 부르짖는 교파의 영향을 받았으며, 따라서 비인도적인 노예제도를 강력하게 비판하게 되었다. 스토우 부인의 가족은 노예를 인정하지 않는 자유주(自由州)인 오하이오에 살고 있었다. 그러나 이웃인 노예주(奴隷州) 컨터키에서 생명을 걸고 도망쳐오는 흑인 노예의 비참한 모습을 거듭해서 보는 사이에 그녀의 가슴에는 그러한 사회적 부정을 널리 세상에 호소하고픈 의욕이 생겼다. 그러한 인도적인 정열에서 생겨난 작품이 수많은 사람에게 공감을 불러일으켰다는 사실은 지극히 당연한 노릇이었다. 그녀는 작품 속에 등장하는 한 흑인의 입을 빌어서 이렇게 절규하고 있다.

"나의 조국이라고요? 월슨 씨, 당신에겐 조국이 있습니다. 그렇지만 나나, 나같은 노예의 어머니한테서 태어난 자에겐 어떤 조국이 있다는 말입니까? 그건 우리가 그렇게 만든 것도 아닙니다. 우리가 동의한 게 아닙니다. 우리들은 그것과 아무런 관계도 없습니다. 그건 단지 우리를 학대하며 언제까지고 노예로 해 두려는 사람들 때문인 것입니다."

미합중국은 독립 이래로 급속한 발전을 거듭해 왔으나 여러 가지 사회문제가 있었다. 그 중에서도 가장 큰 것이 남북 대립이었다. 북부는 공업 발전에 입각한 보호관세, 중앙집권을 주장했고, 남부는 농원제(農園制) 농업에 입각한 자유무역과 주(州)의 자립을 요구했다. 흑인 노예문제에 있어서의 남북 대립도 그러한 경제적 기반의 차이에 크게 좌우되었다. 북부에서의 자유주의 공업은 자유로운 노동력의 수급이 유리했으나, 반면에 남부에서는 토지에 고정된 노예만이 요구되는 것이었다.

서부 개척이 진척됨에 따라서 새로운 주를 자유주로 하느냐 노예주로 하느냐는 문제로 이윽고 남북의 대립은 심각해졌다. 마침내 1860년에 노예제도를 반대하는 공화당의 링컨이 대통령에 당선되었다. 그러자 노예제도를 고집하는 남부 여러 주는 연방을 탈퇴하고, 아메리카 연방(The Confederate States of America)을 조직해서 그 독립을 위해 북부 여러 주와 전쟁을 벌이기에 이른 것이었다.

남북전쟁이 2년째로 접어들어 승패가 어느 쪽으로도 기울지 않던 1862년에 링컨은 다음과 같은 포고를 내렸다.

'1862년 9월 22일부로 아메리카 합중국 대통령은 특히 다음 사항에 관해 선언을 공표한다. 즉 1863년 1월 1일을 기하여 여하한 주에 있어서도, 또한 특히 상기한 연월일에 주내(州內)의 민중이 합중국에 대해서 모반(謀反)중에 있다고 지정되는 지역에 있어서도, 노예의 신분에 처해 있는 자는 그날로부터 영구히 자유인이 된다. 합중국 정부 및 육해군 당국은 그러한 자의 자유를 인정하고 보호하며, 그러한 자들 중 누구든지 자신의 참다운 자유를 얻기 위해 노력하는 것을 억제하는 행동을 결코 취할 수 없다.'

이 선언이야말로 북군의 눈부신 신호가 되었고 반대로 남군의 기세는 현저하게 꺾였다. 북군은 우세한 해군력으로 남부를 봉쇄했고, 육상에서는 게티스버그의 승리로 완전히 승전(勝戰) 일보 직전에 다가섰다. 그리하여 1865년 4월, 남부의 수도인 리치먼드의 함락으로 남북전쟁은 끝났다.

《엉클 톰의 오두막》은 '남북전쟁을 유발시켜 노예해방을 이루게 한 책'으로 불리고 있다. 링컨은 스토우 부인을 불러 면담하는 자리에서 이렇게 말했다고 한다.

"바로 부인이 이 큰 전쟁을 일으킨 자그마한 여성이신가요?"

또 이렇게 말했다는 설도 있다.

"노예 해방 전쟁에서 부인의 펜의 힘이야말로 북군의 명장(名將) 그랜트 장군이 이끄는 10만 군대보다도 강했습니다."

그런데 그 자리에서 스토우 부인은 링컨에게,

"하나님께서 이 책을 쓰게 해주셨습니다." 고 했다는 것이다.

노예해방의 아버지 링컨이야말로 미국 역사상 위대한 업적을 이루었다. 그리하여 노예제도는 자취를 감추게 되었던 것이다. 그러나 오늘에 이르기까지 흑백 분규는 심각한 사회문제로 대두되고 있으니, 흑인 차별에 대한 인습이며 편견은 과연 언제쯤 해소될 수 있을 것인지 주목거리라고 하지 않을 수 없다.

국민의 국민에 의한 국민을 위한 정치

민주정치의 이상을 가장 간결하고 의미심장하게 표현한 이 명언은, 누구나 잘 아는 바와 같이 미국 제16대 대통령 아브라함 링컨이 게티스버그에서 행한 연설 중에 나온다.

게티스버그란 펜실베니아 주 남부에 있는 거리로서 남북전쟁 당시의 고전장(古戰場)으로 유명하다. 그곳에서 1863년 7월 1일부터 3일까지 대격전이 벌어졌으며 끝내 북군이 승리했다. 전쟁은 그후 2년간 더 계속되었으나 이미 그때 전쟁의 대세는 판가름났던 것이다.

그 싸움터의 한 부분에는 그해 가을 남북전쟁에서 쓰러진 용사들의 국립묘지가 만들어졌으니, 즉 1863년 11월 9일에 그 봉헌식(奉獻式)이 엄숙히 거행되었다. 그때 링컨이 행한 연설이 이른바 '게티스버그의 연설'이라 하여 역사상 명연설로서 후세에 기리게 된 것이다.

그날 정해진 연설자가 두 시간에 걸친 열변을 토하고 나자, 링컨 대통령은 예정이 없었으나 이례적으로 즉흥 연설을 하기 위해 단상에 올랐다. 두 시간에 걸친 전자(前者)의 연설은 무슨 소리를 했는지 알 수조차 없게 되고 말았으나, 그날 불과 2백여 단어의 짤막한 링컨의 연설은 불후의 명연설로 남게 된 것이다. 오늘날 미국의 학동들은 누구나 그 연설을 외기 마련이라고 한다.

그날 링컨은 자유 수호를 위해 희생된 영령들의 무공(武功)을 칭송한 다음에 이어 다음과 같이 결말을 맺었다.

'살아남아 있는 우리들은 여기서 굳게 결의해야만 하리라. 여기 전사자들의 죽음이 헛되지 않도록 할 것임을. 이 국민은 신의 가호 아래 새로운 자유를 이루어 내리라는 것을. 그리하여 저 국민의, 국민에 의한, 국민을 위한 정치를 지상에서 절멸시키지 않으리라는 것을.'

그로부터 '국민의, 국민에 의한, 국민을 위한 정치'라는 말이 모든 사람들에게 회자되기에 이른 게 사실이다. 그러나 실상은 링컨도 '저'라고 지적했듯이, 그 말만은 다른 사람의 것을 인용했던 것이다. 그 당시 파커(T. Parker 1810~1860)라는 종교가의 저서에 이미 그 말이 나와 있었기 때문에 모름지기 링컨은 그 말을 인용했다고 여겨진다. 그런데 실상은 파커보다 앞서서 정치가이며 웅변가였던 웹스터(D. Webster 1782~1852)가 그 말을 최초로 했다고 한다.

여기서 잠시 웹스터에 대해 살펴보자면, 1823년에 신교도 미국 상륙 2백주년 기념일에 행한 그의 프리머스의 연설과 1825년에 방커 힐의 전후(戰後) 기념일 연설은 유명하다. 또한 링컨의 게티스버그 연설과 더불어 웹스터의 미합중국 통일을 강조한 '헨에게 답한다'라는 연설 및 패트릭 헨리의 1775년의 연설은 미국 3대 명연설로 꼽히고 있다. 웹스터는 1840년과 1850년 등 두 번에 걸쳐 미국 국무장관을 역임했음을 부기해 둔다.

각설하고, '국민의, 국민에 의한, 국민을 위한 정치'라는 말을 창안한 사람은 기실 웹스터도 아니다. 그 말의 기원은 아주 옛날로 거슬러 올라가야 한다. 14세기 영국의 종교개혁가였던 존 위클리프가 바로 그 사람이다. 위클리프 하면 누구나 잘 알겠지만 성서를 최초로 영어로 번역을 완성한 사람으로서 유명하다. 그가 1384년에 출판한 영어로 된 ≪구약성서≫ 서문을 보면 그 말이 나온다. 그러고 보면 종교개혁과 민주주의가 연결되는 것은 극히 자연스럽다고도 하겠다.

그러나 누가 그 말을 제일 먼저 썼다는 것이 문제는 아니다. 가장 유효 적절하게 그 표현이 소화되고, 역사적인 성과를 거두게 했다면 모름지기 그것이 가장 값진 일일 것이다.

그런 의미에서도 링컨은 위대한 정치가였다. 여기 다시 그의 영단(英斷)과 혜지(慧智)가 넘치는 명언의 하나를 기록해 둔다.

'국민의 일부를 시종 속일 수는 있다. 국민의 전부를 일시 속일 수도 있다. 그러나 국민의 전부를 시종 기만할 수는 없다.'

철과 혈

비스마르크(O. Bismarck 1815~1898)는 남자답고 과단성 있는 독일의 정치가였다. 1851년, 비스마르크는 프로이센의 사절(使節)로서 프랑크푸르트 연방의회에 출두하지 않으면 안 되었을 때, 출두할 용의가 있음을 분명히 밝혔다. 그러자 프리드리히 빌헬름 1세는 비스마르크에게 말했다.

"그대가 처음부터 그 직책을 즉석에서 받아들인다니 용감한 일이로다."

그러자 비스마르크는 곧 대답했다.

"용감성은 확실히 폐하께 있사옵니다. 제가 임무를 견뎌낼 수 없다면 우선 소환해 주십사고 청할 것입니다. 폐하께서 명령을 내리실 용기가 있사온즉 저 또한 복종할 용기가 있는 것입니다."

그러자 왕은 다시 말했다.

"그렇다면 누가 과연 용기가 있는지 두고 보기로 하지."

비스마르크는 부하된 직책을 충실히 완수하고 돌아왔고, 마침내 프로이센 전체의 정치를 행하게 되었다.

그렇다고 비스마르크는 반드시 의회가 요청하는 대로 행정(行政)을 펴나가지는 않았다. 프로이센 하원(下院)에서는 빌헬름 1세가 계획한 육군의 재편성을 수행하려 들 것 같이 보이지 않았다. 왕은 낙심하고 퇴위하려고 했다. 그 무렵 비스마르크는 파리 공사(公使)로 나가 있던 론에게서 전보를 받았다.

'지체는 위험, 급보할사.'

비스마르크는 깨달았다. 그리고는 빌헬름 1세에게 급히 달려갔다. 그리하여 의회와 싸우겠다고 결의했다.

그의 굳센 모습과 자신에 넘치는 태도에 왕은 매우 신중하게 말했다.

"그렇다면 그대와 싸움을 계속하는 것이 과인의 의무이노라. 과인은 퇴위하지 않으리라."

그러자 의회에서는 비스마르크의 처사에 크게 격분했다. 더구나 비스마르크가 1871년 9월 30일 의회예산위원회에서 다음과 같이 언명했을 때는 더욱 큰 격분을 샀다.

"독일의 상태는 다수결에 의해서는 개선될 수 없다. 단지 철(鐵)과 피에 의해서만일 따름이다."

이러한 강경 일변도에 오히려 왕 자신도 도무지 비스마르크라는 위인이 어떤 존재인지 어리둥절해졌다.

왕은 어두운 예감 속에 불안해했다. 그리고 입을 열었다.

"과인은 앞으로 만사가 어떻게 되는지 정확하게 내다볼 수 있소. 오페라 극장 앞 광장에서 그대의 목이 떨어지고, 조금 뒤에는 과인의 목이 떨어질 게 틀림없소."

그러나 비스마르크는 끄떡도 안했다. 그는 입을 열었다.

"우리는 늦거나 빠르거나 죽지 않으면 안 되옵니다. 우리가 그 이상 규칙적으로 죽을 수 있는 방법이 있겠습니까? 저 자신에게나 저의 상감이신 폐하를 위한 싸움에 있어서, 폐하 자신도 신의 은총에 의한 왕권을 길로틴 위에서거나 싸움터이거나간에, 스스로의 피로써 증명할 수밖에는 없기 때문입니다."

이러한 죽음을 결의한 비스마르크의 비장한 각오에 왕도 힘을 얻었다. 결국 프로이센 왕 빌헬름 1세는 비스마르크와 같은 과단성 있는 재상(宰相)을 거느림으로써 미구에 독일을 통일하여 독일제국 황제의 자리에 오르게 되었다.

비스마르크를 철혈(鐵血) 재상이라고 부르는 것은 먼저 밝힌 대로 의회예산위원회 석상의 연설 때문이다.

운하는 여왕 폐하의 것이옵니다

빅토리아 여왕 시대의 정치가로서 디즈레일리(B. Disraeli,1804~1881)는 토오리 당(보수당)의 영수(領首)였으며, 휘그 당(자유당)의 글래드스턴(W. Gladstone 1809~1898)과 쌍벽을 이루는 대인물이었다.

영국의 수에즈 운하 매수에 얽힌 삽화 한 가지만 살펴보더라도 디즈레일리의 과단성과, 또한 그가 여왕으로부터 얼마나 두터운 신임을 받았는가를 쉽사리 알 수 있다. 수에즈 운하는 1869년에 프랑스 기사 레셉스(F. Lesseps 1805~1894)의 개발에 의해 개통된 바 있다. 그러나 이집트 정부는 재정적인 곤란에 빠져있었기 때문에 그것을 타개하기 위해서는 운하의 주식을 프랑스 정부에 팔지 않으면 안 되었다.

그런데 오늘의 상식으로는 도저히 이해가 가지 않는다고나 할까. 이상스럽게도 그 당시 프랑스 정부는 유럽과 아시아를 연결하는 이 운하의 중요성을 충분히 인식하지 못한 채 매수를 주저하고 있었다.

그 정보를 입수한 디즈레일리는 때를 놓칠세라 곧 비서를 유태계 대재벌인 로스 차일드에게 파견했다. 디즈레일리는 본래 유태계 출신이었기 때문이다. 비서는 로스 차일드에게 말했다.

"수에즈 운하를 매수하기 위해 2천만 파운드가 필요합니다."

로스 차일드는 의아스러운 듯이 물었다.

"그렇다면 담보는?"

"영국 정부올시다."

"그럼 대부해 주겠소."

그리하여 수에즈 운하 지배권을 영국이 차지하게 되었다. 모든 수속 절차를 마친 디즈레일리는 여왕에게 달려가서 보고했다.

"지금 돌아왔사옵니다. 운하는 여왕 폐하의 것이옵니다."

빅토리아 여왕은 경탄하지 않을 수 없었다.

리빙스턴 박사가 아니십니까

아프리카 탐험가로 유명한 리빙스턴(D. Livingstone 1813~1873)은 스코틀랜드에서 태어났으나, 가난하여 독학을 한 뒤에 글래스고우 대학에서 의학과 신학(神學)을 전공했다. 졸업 후에는 런던 전도교회의 의료 전도사가 되어 1841년에 남아프리카로 건너갔다. 1846년에는 칼라하리(Kalahari) 사막을 넘어 느가미(Ngami)를 발견했고, 1851년에는 잠베지(Zambezi) 강을 발견했다.

이어서 1855년에는 잠베지 강 상류로 거슬러 올라가서 빅토리아 폭포를 발견한 뒤, 1856년에 귀국하여 ≪남아프리카 전도 여행기≫를 저술했다. 1858년에서 63년까지 또다시 아프리카 탐험을 한 뒤, 64년에 귀국해서 ≪잠베지 강과 그 지류(支流) 탐험기≫를 저술했다.

1866년에 세번째로 다시 아프리카에 건너간 리빙스턴은 나일강 수원기 탐험에 나섰으나 그후 5년간 전혀 소식이 끊어진 채 생사불명이 됐다. 그때 영국 태생으로 미국에 건너가 신문 기자로서 〈뉴욕 헤럴드〉에서 활약하던 스탠리(H. Stanley 1841~1904) 기자는, 뭇 사람의 조소를 뿌리치고 리빙스턴을 찾아 아프리카 탐험의 길에 올랐다. 스탠리는 수많은 난관을 극복하며 수색에 나섰다가 1871년에 이윽고 죽은 줄로만 알았던 리빙스턴을 우지지(Ujiji)에서 찾아낸 것이다.

그때 리빙스턴 박사는 열병에 시달리면서도 노쇠한 몸을 이끌고 아프리카 오지(奧地)의 토인들을 위해 의료 봉사와 포교에 헌신하고 있었다. 스탠리 기자는 리빙스턴 박사에게 다가섰을 때 혹시나 하여 조심스럽게 물었다.

"리빙스턴 박사가 아니십니까?(Dr. Livingstone, I presume?)"

리빙스턴 박사는 고개를 나직이 끄덕였다. 그리고는 험

한 오지를 찾아온 스탠리 기자와 손을 마주잡고는 기쁨에 눈물을 글썽이면서 음식을 차리게 했다. 그때 노소를 막론하고 선량한 토인들은 모두들 기쁜 듯이 찬송가를 부르면서 스탠리 일행에게 감격적인 장면을 보여 주었던 것이다.

스탠리 기자는 열병으로 고생하는 박사에게 함께 귀국하기를 간청했으나, 리빙스턴 박사는 토인들과 함께 살다 그곳에 묻히겠노라며 거절했다. 석별의 정을 나누면서 스탠리 기자는 귀로에 올랐다. 그후 2년만인 1873년에 리빙스턴은 북(北) 로디지아의 방겔루 호반에서 사망했다.

영국 정부는 암흑 대륙에서 봉사와 포교를 위해 그 생애를 값지게 바친 리빙스턴의 공적을 높이 평가하여, 그를 웨스트민스터 사원으로 이장했다.

그는 토인들을 교화하며 노예매매의 방지에 힘쓰는 등 암흑 대륙과 교섭한 초기 유럽 인으로서 가장 인도적인 봉사를 한 위인이었다. 그는 결코 백인종의 우월성을 내세우지 않았으며, 기독교적 인도주의에 입각하여 원주민의 구제를 위해 거룩하게 몸바친 위인이었다.

리빙스턴 박사의 생애에 대해서는 미국에서 영화화까지 된 바 있다.

초 인

초인 하면 곧 니체(F. Nietzsche 1844~1900)를 연상하게 한다. 모름지기 초인이란 인간적인 모든 약점을 극복하고 인간 이상으로 초탈한 완전한 사람을 가리키는 것이다. 과연 그런 초인이 존재할 수 있을 것인가? 헤르더(J. G. von Herder), 괴테 등도 초인이라는 말을 사용한 바 있으나 그 이상을 가장 완전하게 강조한 사람은 니체였다.

니체에게 있어서의 초인이란 권력에의 의지의 최고 표현이며, 최고의 이상의 가장 적절한 구현자(具現者)로서 이상적인 인간으로 짜라투스트라(Zarathustra)를 들어 말했다. 즉 동방의 예언자 짜라투스트라의 설교에 의탁하여, 만년에 있어서 자기의 영겁(永劫)·회귀의 사상과 초인 사상을 전개함으로써 그 당시의 서구 사상과 문화를 철저히 비판했다.

니체는 그의 저서 ≪선악의 피안≫에서, 도덕에 있어서도 '군주 도덕'과 '노예 도덕'이 있다고 했다. 그래서 군주 도덕은 군주적 인간의 것이요, 노예 도덕은 노예적 인간의 것이라고 했다. 또한 군주적 인간에게는 군주적 권리가 있고, '정복 및 군주적 인종'으로서 아리아(Arya) 인이 있다고 했다. '축군적(畜群的) 인간'은 '군주적 인간'과 상반하고 있다고 내세운 바 있다.

'초인이란 무엇인가'에 대해서 니체는 그의 저서 ≪짜라투스트라는 이렇게 말함≫의 서언(序言) 중에서 다음과 같이 말한 바 있다.

'나는 너희들에게 초인을 가르쳐 주노라. 인간은 극복되지 않으면 안 되는 무엇이도다. 인간을 극복하기 위해, 너희들은 무엇을 하였는가? 지금까지 모든 생물은 자기를 초월하는 무엇을 창조했도다. 그러함에도 너희들은 이 위대한 만조가 간조라고 여기는가? 그래서 인간을 극복하기보다는 오히려 동물로 되돌아가려고 여기는가? 인간에게 있어서 원숭이란 무엇인가? 웃음거리든지 아니면 비통한 치욕이로 다. 그래서 인간은 초인에 대해서 똑같은 것이로다. 다시 말해서 웃음거리든지 아니면 비통한 치욕이로다.'

니체는 바젤 대학의 고대 언어학 교수로 있다가 병으로 교직을 그만두고, 고독한 세계를 방황하며 저작 생활에 몰두하다가 발광해서 사망했다.

그는 계몽사상·합리주의에 반대하여 '신은 죽었다'고 선언하고 반(反)그리스도 사상을 들고 초인 철학을 창시했던 것이며, 키에르케고르와 더불어 실존철학(實存哲學)에 큰 영향을 끼쳤다. 처음에는 쇼펜하우어의 사상에 깊은 영향을 받았으나 후에 독자적인 초인 사상을 전개한 것이다.

인생은 예술을 모방한다

영국의 세기말 작가로 탐미주의를 주창했던 오스카 와일드(Oscar Wilde 1856~1900)가 말한 유명한 역설의 하나가 바로 '인생은 예술을 모방한다'이다.

아리스토텔레스 이래 '예술은 자연(自然)의 모방이다'고 하는 것이 통념이었으나, 와일드는 그걸 역으로 하여 인생이, 자연이 예술을 모방한다고 했다. 그의 〈거짓말의 쇠퇴〉라는 대화체의 논문에 나온 말이다.

　그가 말하는 '거짓말'이란 상상 또는 시적(詩的) 창조라고 해도 무방한 것으로서, 와일드는 그 당시 자연주의 만능을 배격하고 그가 내세운 '거짓말'의 예술을 선양했던 것이다. 그는 '예술을 위한 예술'을 신조로 삼았던 영국 탐미주의의 선봉처럼 여겨지고 있다. 그러나 그가 실상 말하고자 한 것은, 예술 앞에 인생이 있는 것이 아니라 인생 앞에 예술이 있고, 그 예술이야말로 인생을 변혁시키는 원동력이라는 것이다.

　여하간 괴테의 ≪젊은 베르테르의 슬픔≫을 읽은 온 유럽의 청년들에게 노란 조끼와 자살이 유행했던 것은 인생이 예술을 모방한 것은 아니었는지 아이러니컬한 현상이었다고나 할까?

천재란 1퍼센트의 영감과 99퍼센트의 땀이다

　토마스 에디슨(T. Edison 1847~1931)은 오하이오 주에서 태어나 7세 때 공립학교에 들어갔으나 저능아라 하여 퇴학당했다. 교사가 아무리 납득시키려 했으나 '1+1=1'이라고 하는 것이었다. 더욱이 '2+2=4'라는 것도 에디슨 소년은 납득하지 못했다는 것이다.

　그는 어머니의 손에서 교육을 받게 되었고, 11세경부터는 집에다 실험실을 차리고 연구에 몰두했다. 13세 때는 신문팔이를 했으며 몇 가지 직업을 전전한 뒤, 1869년에 최초의 발명인 투표기록기를 완성했다.

에디슨 하면 발명왕을 상징하듯이 그의 중요한 발명은 백열전구(1879년)·전기철도(1881년)·엽관 축음기(1887년)·활동사진(1891년) 등 부지기수다.

그는 여러 면에서 대표적인 미국인이며 과학자였으나 진리 탐구자라고 할 만한 학구적인 인간은 아니었다. 그의 연구는 모두 실용적인 것과 직결되고 있는 것이다.

에디슨을 가리켜 사람들이 천재적인 영감을 가졌다고 칭송했을 때 그는 이렇게 대답했다.

"천재란 1퍼센트의 영감과 99퍼센트의 땀에 의한 것이다."

18세기 프랑스의 뷔퐁이 '천재란 인내에 대한 위대한 능력이다'라고 했고, 러시아 작가 체홉도 '천재란 노력이다'라고 했듯이, 에디슨의 말은 독창적인 표현은 아니기도 하다. 여하간, 천재를 칭송하기에 앞서 피땀 나는 노력으로 인류에 공헌할 수 있다면 그는 곧 위인이 아닐 수 없다.

승리 없는 평화

미국 제28대 대통령 윌슨(Woodrow Wilson 1856~1924)은 제1차 세계대전 당시 미국의 중립(中立) 유지에 노력했다. 세계의 인류가 전쟁의 비극에 빠지는 것을 반대하고 적극적으로 평화를 이룰 것을 제창했다.

그 구체적인 것이 우리의 3·1운동에도 큰 영향을 미친 '민족자결원칙' 등 14개조의 평화 원칙이다. 그는 1917년

1월 21일, 미국 상원에서 바로 그 유명한 '승리 없는 평화'의 연설을 행했던 것이다.

'현재의 전쟁은 우선 끝내지 않으면 안 된다. 전쟁을 끝내기 위한 조약은, 또는 협상은 평화를 이룰 수 있는 조건을 갖추지 않으면 안 된다. 그 평화란 확보하여 유지시킬 가치가 있는 평화, 인류의 찬성을 받을 수 있는 평화이어야 하며, 단순히 교전국의 어느 한쪽의 이익이나 직접 목적에 구실할 수 있는 평화여서는 안 된다. 평화로운 유럽만이 안정된 유럽을 이룰 수 있다. 세력의 균형이 아니라 세력의 공유가 아니면 안 된다. 즉, 평화란 승리가 없는 평화가 아니면 안 된다─승리란 패자의 위에다 강제된 평화, 패자에게 부과시킨 승자의 조건을 뜻한다. 그것은 수치를 당하고 협박적인 희생을 지불하고서만 받아들여질 것이리라. 또한 후에 분노와 고통의 상념(想念)을 남기게 되리라. 그것은 영구한 것이 아니요 모래밭에 놓여진 것에 불과하다. 평등한 자, 동지의 평화만이 영속한다. 평화의 대원칙은 평등하며 공통적인 복지에 공동으로 참가하는 것이다.'

그의 평화 원칙은 받아들여져서 종전(終戰)이 되었다. 그는 스스로 파리평화회의의 수석전권이 되어 그의 이상인 국제연맹의 실현에 노력했다. 그러나 1920년 1월에 정식 발족된 국제연맹은 10년이 지난 뒤 독일·일본·이탈리아 등이 불만으로 탈퇴하는 등 약화되었으며, 제2차 대전 후인 1946년 4월에 해산되었다.

그러나 인류의 평화, 그 이상을 실현하기 위해 노력한 월슨의 공로는 큰 것이었다. 그 결과 1919년 그에게는 노벨상이 수여되었다. 국제연맹은 그의 사후(死後) 7년 후부터 와해되기 시작한 셈이다.

네 가지 자유

미국 32대 대통령 프랭클린 루즈벨트(Franklin Delano Roosevelt 1882~1945)는 젊은 날에 정계에 투신했다. 하버드와 콜롬비아 대학을 졸업한 뒤에 1709년 변호사 개업을 했고, 1910년에는 뉴욕 주의 민주당 상원 의원, 1913년부터 19년까지는 윌슨 대통령 하의 해군 차관으로 베르사이유(Versailles) 회의에 수행한 바 있다. 그러나 불행하게도 1921년에는 소아마비로 인해 보행이 곤란해졌다.

재기불능이라고 여겨졌던 그는 기적적으로 활약하면서 1932년에는 대통령에 당선되어, 제1차 대전 후에 미국 사회를 휩쓴 극심한 경제공황을 극복하기 위해 뉴딜(New Deal) 정책을 씀으로써 경기 회복을 꾀했다.

제2차 대전이 발발했을 때는 미국의 여론을 통일시켜 연합국을 구성, 그 주도권을 장악하고 영국 수상 처칠과 더불어 카사블랑카(Casablanca), 카이로(Cairo), 테헤란(Teheran) 회담 등을 거쳐 유명한 '대서양 헌장'을 마련함으로써 전쟁 종결에 위대한 공헌을 했던 것이다.

그의 정치적 발언 중에서도 주목을 끄는 것은 '네 가지 자유'를 들지 않을 수 없다. 그것은 1941년 1월 6일 미국 의회에서 연설한 것으로서, 침략 국가에 대응하는 자유 세계에 있어서 기본적인 인간의 자유를 표방하고 있는 것이다. 구체적으로 말해서, '언론과 표현의 자유, 신앙의 자유, 궁핍으로부터의 자유, 공포로부터의 자유'가 그것이다. 그것은 인간의 존엄성을 가장 적절하게 표현한 명언이라고 하겠다.

엮은이 약력

한국외국어대학 영어과 졸업
한국문인협회회원, 시인
신문논설위원 등 역임

역 서
E. 브론테 ≪폭풍의 언덕≫
E.A. 포우 ≪E.A. 포우 단편집≫
O. 헨리 ≪O. 헨리 단편집≫
≪영어명언집≫ 편저 외 다수
≪근대국가의 자유≫ ≪군중심리학론≫

서양고사일화 〈서문문고 87〉

개정판 인쇄 / 1996년 3월 20일
개정판 발행 / 1996년 3월 25일
엮은이 / 홍 윤 기
펴낸이 / 최 석 로
펴낸곳 / 서 문 당
주소 / 서울시 마포구 성산1동 20—12호
전화 / 322—4916~8 팩스 / 322—9154
등록일자 / 1973. 10. 10
등록번호 / 제13-16

---

* 잘못된 책은 바꾸어 드립니다

서문문고 목록

001~303
◆ 번호 1의 단위는 국학
◆ 번호 홀수는 명저
◆ 번호 짝수는 문학

073 마하트마 간디전 / 로망롤랑
074 투명인간 / 웰즈
075 수호지 (1) / 김광주 역
076 수호지 (2) / 김광주 역
077 수호지 (3) / 김광주 역
078 수호지 (4) / 김광주 역
079 수호지 (5) / 김광주 역
080 수호지 (6) / 김광주 역
081 근대 한국 경제사 / 최호진
082 사랑은 죽음보다 / 모파상
083 퇴계의 생애와 학문 / 이상은
084 사랑의 승리 / 모옴
085 백범일지 / 김구
086 결혼의 생태 / 펄벅
087 서양 고사 일화 / 홍윤기
088 대위의 딸 / 푸시킨
089 독일사 (상) / 텐브록
090 독일사 (하) / 텐브록
091 한국의 수수께끼 / 최상수
092 결혼의 행복 / 톨스토이
093 율곡의 생애와 사상 / 이병도
094 나심 / 보들레르
095 에머슨 수상록 / 에머슨
096 소아나의 이단자 / 하우프트만
097 숲속의 생활 / 소로우
098 마을의 로미오와 줄리엣 / 켈러
099 참회록 / 톨스토이
100 한국 판소리 전집 /신재효, 강한영
101 한국의 사상 / 최창규
102 결산 / 하인리히 빌
103 대학의 이념 / 야스퍼스
104 무덤없는 주검 / 사르트르
105 손자 병법 / 우현민 역주
106 바이런 시집 / 바이런
107 종교록, 국민교육론 / 톨스토이
108 더러운 손 / 사르트르
109 신역 맹자 (상) / 이민수 역주
110 신역 맹자 (하) / 이민수 역주
111 한국 기술 교육사 / 이원호
112 가시 돋힌 백합/ 어스킨콜드웰

113 나의 연극 교실 / 김경옥
114 목녀의 로맨스 / 하디
115 세계발행금지도서100선 / 안춘근
116 춘향전 / 이민수 역주
117 형이상학이란 무엇인가 / 하이데거
118 어머니의 비밀 / 모파상
119 프랑스 문학의 이해 / 송면
120 사랑의 핵심 / 그린
121 한국 근대문학 사상 / 김윤식
122 어느 여인의 경우 / 콜드웰
123 현대문학의 지표 외/ 사르트르
124 무서운 아이들 / 장콕토
125 대학·중용 / 권태익
126 사씨 남정기 / 김만중
127 행복은 지금도 가능한가 / B. 러셀
128 검찰관 / 고골리
129 현대 중국 문학사 / 윤영춘
130 펄벅 단편 10선 / 펄벅
131 한국 화폐 소사 / 최호진
132 사형수 최후의 날 / 위고
133 사르트르 평전/ 프랑시스 장송
134 독일인의 사랑 / 막스 뮐러
135 사서삼경 입문 / 이민수
136 로미오와 줄리엣 /셰익스피어
137 햄릿 / 셰익스피어
138 오델로 / 셰익스피어
139 리어왕 / 셰익스피어
140 맥베드 / 셰익스피어
141 한국 고시조 500선/강한영 편
142 오색의 베일 /서머셋 모옴
143 인간 소송 / P.H. 시몽
144 불의 강 외 1편 / 모리악
145 논어 /남만성 역주
146 한여름밤의 꿈 / 셰익스피어
147 베니스의 상인 / 셰익스피어
148 태풍 / 셰익스피어
149 말괄량이 길들이기/셰익스피어

225 민족주의와 국제체제 / 힌슬리
226 이상 단편집 / 김해경
227 삼략신강 / 강무학 역주
228 굿바이 미스터 칩스 (외) / 힐튼
229 도연명 시전집 (상) / 우현민 역주
230 도연명 시전집 (하) / 우현민 역주
231 한국 현대 문학사 (상) / 전규태
232 한국 현대 문학사 (하) / 전규태
233 말테의 수기 / R.H. 릴케
234 박경리 단편선 / 박경리
235 대학과 학문 / 최호진
236 김유정 단편선 / 김유정
237 고려 인물 열전 / 이민수 역주
238 에밀리 디킨슨 시선 / 디킨슨
239 역사와 문명 / 스트로스
240 인형의 집 / 입센
241 한국 골동 입문 / 유병서
242 토마스 울프 단편선 / 토마스 울프
243 철학자들과의 대화 / 김준섭
244 파리시절의 릴케 / 버틀러
245 변증법이란 무엇인가 / 하이스
246 한용운 시전집 / 한용운
247 중론송 / 나아가르쥬나
248 알퐁스도데 단편선 / 알퐁스 도데
249 엘리트와 사회 / 보트모어
250 O. 헨리 단편선 / O. 헨리
251 한국 고전문학사 / 전규태
252 정을병 단편집 / 정을병
253 악의 꽃들 / 보들레르
254 포우 걸작 단편선 / 포우
255 양명학이란 무엇인가 / 이민수
256 이육사 시문집 / 이원록
257 고시 십구수 연구 / 이계주
258 안도라 / 막스프리시
259 병자남한일기 / 나만갑
260 행복을 찾아서 / 파울 하이제
261 한국의 효사상 / 김익수
262 갈매기 조나단 / 리처드 바크
263 세계의 사진사 / 버먼트 뉴홀
264 환영(幻影) / 리처드 바크

265 농업 문화의 기원 / C. 사우어
266 젊은 처녀들 / 몽테를랑
267 국가론 / 스피노자
268 임진록 / 김기동 편
269 근사록 (상) / 주회
270 근사록 (하) / 주회
271 (속)한국근대문학사상/ 김윤식
272 로렌스 단편선 / 로렌스
273 노천명 수필집 / 노천명
274 콜롱바 / 메리메
275 한국의 연정담 / 박용구 편저
276 삼현학 / 황산덕
277 한국 명창 열전 / 박경수
278 메리메 단편집 / 메리메
279 예언자 / 칼릴 지브란
280 충무공 일화 / 성동호
281 한국 사회풍속야사 / 임종국
282 행복한 죽음 / A. 까뮈
283 소학 신강 (내편) / 김종권
284 소학 신강 (외편) / 김종권
285 홍루몽 (1) / 우현민 역
286 홍루몽 (2) / 우현민 역
287 홍루몽 (3) / 우현민 역
288 홍루몽 (4) / 우현민 역
289 홍루몽 (5) / 우현민 역
290 홍루몽 (6) / 우현민 역
291 현대 한국시의 이해 / 김해성
292 이효석 단편집 / 이효석
293 현진건 단편집 / 현진건
294 채만식 단편집 / 채만식
295 삼국사기 (1) / 김종권 역
296 삼국사기 (2) / 김종권 역
297 삼국사기 (3) / 김종권 역
298 삼국사기 (4) / 김종권 역
299 삼국사기 (5) / 김종권 역
300 삼국사기 (6) / 김종권 역
301 민화란 무엇인가 / 임두빈 저
302 건초더미 속의 사랑 / 로렌스
303 야스퍼스의 철학 사상
     / C.F. 윌레프